民國文化與文學研究文叢

初 編

李 怡 主編

第 13 冊

母語與現代詩（下）

顏 同 林 著

國家圖書館出版品預行編目資料

母語與現代詩（下）／顏同林 著 — 初版 — 新北市：花木蘭
文化出版社，2012〔民101〕
目 2+156 面；19×26 公分
（民國文化與文學研究文叢 初編；第 13 冊）
ISBN：978-986-254-890-5（精裝）
1. 新詩　2. 方言　3. 詩評
541.26208　　　　　　　　　　　　　　　　101012601

特邀編委（以姓氏筆畫為序）：

丁　帆	王德威	宋如珊
岩佐昌暲	奚　密	張中良
張堂錡	張福貴	須文蔚
馮　鐵	劉秀美	

ISBN-978-986-254-890-5

9 789862 548905

民國文化與文學研究文叢
初　編　第十三冊　　　　　　　ISBN：978-986-254-890-5

母語與現代詩（下）

作　　者	顏同林
主　　編	李　怡
企　　劃	北京師範大學民國歷史文化與文學研究中心（籌）
	四川大學民國文學暨海外漢學研究中心（籌）
	現代中國文化與文學研究中心
總 編 輯	杜潔祥
印　　刷	普羅文化出版廣告事業
出　　版	花木蘭文化出版社
發 行 人	高小娟
聯絡地址	新北市永和區中正路五九五號七樓
	電話：02-2923-1455／傳真：02-2923-1452
網　　址	http://www.huamulan.tw 信箱 sut81518@gmail.com
初　　版	2012 年 9 月
定　　價	初編 18 冊（精裝）新台幣 30,000 元

母語與現代詩（下）

顏同林　著

目

次

下　編

第四章　作爲背景的歌謠與方言文學

　　在民國詩歌史上，方言入詩隨著不同歷史時期大相徑庭的時代內容而發生相應的變革。一方面，不同詩人尋言的過程是緊緊追隨主體詩思的不同展開向度而宛轉的；另一方面，現代詩作爲現代漢語培育出的文學中的一類文體，它與現代漢語現代化、口語化、當下化密不可分。如果說本論著上篇主要討論的是時間維度上的方言入詩歷史情節推進與更疊流變的話，那麼下編除適當地兼顧到現代詩時間流變上的情況外，還將開始重點集中於母語與現代詩這一複雜關係的內部形態的考察。

　　本章集中探討方言入詩中現代詩與歌謠、方言文學的關係，通過對方言入詩的文學背景與藝術借鑒等因素的考察，進一步識辯方言入詩的緣由與現代詩吞納方言的文體特質。另外，在作爲現代詩關鍵詞之一的「口語」概念中，方言入詩本身的口語化與它也有內在的聯結。

第一節　歌謠：現代詩的語言資源與精神資源

　　對於歌謠與現代詩歌關係的探討，早在晚清詩界革命伊始便開始過，這一活動，既承接了歌謠與古典詩詞之間既有的複雜淵源，又啓示了在詩界革命後，民俗或文藝工作者在白話詩不斷流變中對歌謠因素的持續關注。民國詩歌史幾十年的交錯發展中，雖然也時有低潮出現，但在潮起潮落之間，仍可看到歌謠與現代詩兩者之間糾結的紋理。

　　試具體以《歌謠》周刊爲例。〔註 1〕《歌謠》周刊斷續撐持了數年，橫跨

〔註 1〕 爲便於集中論述，本文較多地涉及到《歌謠》周刊上的原始性論文與歌謠作

二、三十年代，它對全國各地歌謠的搜集、整理與流布，以及作者隊伍中胡適周作人朱自清梁實秋鍾敬文等一大批新文學作家對歌謠的不斷研究、肯定與弘揚等等，都是其中較為突出、鮮明的歷史細節。另一方面，自《歌謠》周刊標舉「本會搜集歌謠的目的共有兩種：一是學術的，一是文藝的」、「從這學術的資料之中，再由文藝批評的眼光加以選擇，編成一部國民心聲的選集。義大利的衛太爾曾說『根據在這些歌謠之上，根據在人民的真感情上，一種新的民族的詩也許能產生出來』，所以這種工作不僅是在表彰現在隱藏著的光輝，不再引起當（疑是「將」之誤——筆者）來的民族的詩的發展」〔註2〕以來，歌謠除了在學術上（即民俗學）具有特殊的貢獻與意義之外，它與現代詩歌（甚至也包括民國文學）的關係，也落實在由「文藝的」而「民族的詩」這一宏大框架裏。具有不同地域文化特色，在底層民眾之間口耳相傳、野生野長著的歌謠，對現代白話詩的發生、發展，對現代詩歌的轉折、流變等方面都有著至為重要的內在影響，是一個不可忽視的參照物。胡適曾接著白話文學革命斷言「我們的韻文史上，一切新的花樣都是從民間來的。」「中國新詩的範本，有兩個來源：一是外國的文學，一個是我們自己的民間歌唱。二十年來的新詩運動，似乎是太偏重了前者而太忽略了後者」。〔註3〕持類似觀點的論者還有不少，此起彼伏的討論也時時可見，這裡不一一徵引。但值得指出的是，這裡又回落到「洋」與「土」兩個層面性的難題上，很難尋找到合理答案。像《春蠶》中老通寶一家對待蠶種一樣，「洋」種與「土」種的區別與現實的物質實利糾結著，在整體「西化」的新文學背景下，重「洋」而輕「土」乃至棄「土」，具有某種普遍性，因此胡適所說的新詩「太偏重」外國文學影響而「太忽略」我們自己的民間歌唱，一直都有某種合理性。

但是，如果「民間歌唱」的歌謠之於白話新詩的意義，是對源自西方的白話新詩予以矯正、補充乃至本土化回歸的話，那麼兩者之間本身的勾連背景、方式，以及具體個案滲透的深淺、得失等問題便是向中國詩史的再一次敞開。

品。《歌謠》周刊，1922年12月17日創刊，北京大學研究所國學門歌謠研究會出版，北京大學日刊課發行，前後由常惠、顧頡剛、魏建功、董作賓等主編，是當時刊載歌謠作品和發表研究歌謠的文章及介紹各地風俗、方言等的主要刊物。它一共出150期，自創刊始到1925年6月28日，出至第97號以後停刊；1936年4月4日復刊，復刊後改稱第二卷，第二卷有1至40期，第三卷有1至13期，終刊日期為1937年6月26日。

〔註2〕《發刊詞》，見《歌謠》周刊創刊號，1922年12月17日。

〔註3〕胡適：《復刊詞》，《歌謠》二卷一期，1936年4月4日。

面對這一切，疑問與反思也會隨之滋生出來。歌謠影響著甚至暗中支配詩歌文體的演變，一以貫之是充任主角，民間歌謠往往走在文人詩歌的前面，幾千年都是這樣，爲什麼到 19 世紀和 20 世紀之交就缺席了呢？在民國詩歌史發展脈絡中，兩者又是如何暗中結合、呈現的？把歌謠與現代詩放在一起，是一種歷史的存在，它對應著不同的解讀。

一

就現代詩歌的淵源來說，較爲流行的看法是它所發生質變的原因是域外詩歌影響完全占了主導地位，本國的古典詩詞傳統暫且拋開在一旁，民間歌謠也失去了它固有的滋生、牽引作用。梁實秋曾斷言「新文學運動的最大的成因，便是外國文學的影響；新詩，實際就是中文寫的外國詩」；〔註 4〕卞之琳認爲頗受翻譯詩影響，新詩走的是歐化一路；〔註 5〕著有《中國歌謠》一書，在大學講堂裡正兒八經講授歌謠的朱自清論述甚詳：「新詩不取法於歌謠，最主要的原因還是外國的影響；別的原因都只在這一個影響之下發生作用。外國的影響使我國文學向一條新路發展，詩也不能夠是例外。按詩的發展的舊路，各體都出於歌謠，四言出於《國風》、《小雅》，五七言出於樂府詩。……照詩的發展的舊路，新詩該出於歌謠。……新詩雖然不必取法於歌謠，卻也不妨取法於歌謠」。〔註 6〕相對於五四時期的胡適、周作人等人充分肯定民間文學資源對新詩的本土影響，朱自清等人對歌謠影響新詩的價值與意義所作的評價是比較低的。從這裡所引的一處來看，從「不必」一詞轉到「不妨」，體現了歌謠地位、影響的衰落。不過，作爲詩歌傳統差不多唯一的潛在資源，歌謠在古典詩詞向現代詩轉型過程中，雖沒有占到固有的位置，經歷了由主角而配角的滑離過程，但也不是能夠可有可無地加以抹殺的。事實上民國詩歌史上產生過較頻繁的詩歌歌謠化運動，不同時期的大批詩人、學者如何「看待」與「取法於歌謠」也顯得參差豐厚。歌謠隱現過程中體現的牽引、中介、互補功能怎樣具體落到實處，其文化與心理機制又如何復歸傳統，諸如此類事項，既是見仁見智之事，又是有大量歷史事實作爲根據的。

〔註 4〕　梁實秋：《新詩的格調及其他》，《詩刊》創刊號，1931 年 1 月。
〔註 5〕　參見卞之琳：《新詩與西方詩》，《人與詩：憶舊說新》，北京：生活・讀書・新知三聯書店，1984 年版，第 186～193 頁。
〔註 6〕　朱自清：《眞詩》，《新詩雜話》，北京：生活・讀書・新知三聯書店，1984 年版，第 86～87 頁。

　　民間歌謠與現代詩的關係錯雜紛呈、糾纏難分，在民國文學歷史時段，歌謠與現代詩運動的消長並不平衡，在高潮與低潮交錯中起伏較大。就以形勢高漲、結合緊密、關係融洽等為主要特徵的運動而言，民國詩歌史上大致聳湧過三次較大的波峰。〔註7〕第一次是借梁啟超、黃遵憲等人的「詩界革命」之力，在「五四」時期形成高峰。眾所周知，采歌集謠、吸取歌謠營養這一走向在「詩界革命」隊伍中是持續存在的，也在當時的議事日程之內。如黃遵憲提倡「我手寫我口」之後，青睞故鄉客家山歌，創作過不少改作與模倣的新體詩，「詩界革命」詩人試圖以新鮮活潑的「活的」民間形式，來沖刷、刺激古典詩歌的僵化與凝滯，以換得某種新質。承此一脈，到以《嘗試集》出版為標誌的初期白話詩詩人手裏，也大量開挖歌謠這一源頭活水，如胡適為了立論的充分歷史化與合理化，就一直把白話詩的源頭個人化地追蹤到白話文學史裏去，反覆申述「一切新文學的來源都在民間。民間的小兒女，農夫村婦，癡男怨女，歌童舞妓，彈唱的，說書的，都是文學上的新形式與新風格的創造者。這是文學史上的通例，古今中外都逃不了這個通例。」〔註8〕與胡適差不多同時進行白話詩創作的詩人，如劉半農、沈尹默、錢玄同、周作人等人則是北京大學歌謠研究會和後來《歌謠》週刊的發起者或編輯者。其餘《新青年》撰稿作家，受胡適等人影響的新潮社諸君子，以及社會上接受這一思潮的少量先驅人物，對歌謠及新詩歌謠化刮目相看者均不乏其人。典型的是周作人、劉半農、劉大白、俞平伯等人，周作人圍繞民間文學資源作過不少專門的論述，是五四時期貢獻較大的一位。最先想出「徵集歌謠」創意的劉半農，則在歌謠與白話詩之間往來不斷，如不斷從故鄉江陰采集民謠刊行於世，《歌謠》24 號就刊有其《江陰船歌》二十首；後來爽性自己動手，用江陰方言按照「四句頭山歌」仿製數十首，精挑細揀後選了二十餘首編成《瓦釜集》，個人詩集《揚鞭集》中也重複刊載了一些，以達到「把數千年來受盡侮辱與蔑視，打在地域底裏而沒有呻吟的機會的瓦釜的聲音，表現出一部分來」〔註9〕的目的。劉大白刊佈的《賣布謠》、《田主來》等詩也直接模倣了民間歌謠的體式；俞平伯除了在《冬夜》等詩集中偶有所作之外，還曾仿其家鄉情歌，仿作《吳聲戀歌十解》；〔註10〕胡適則有不少

〔註7〕 參閱李怡：《中國現代新詩與古典詩歌傳統》的相關論述，重慶：西南師範大學出版社，1999 年版，第 110～132 頁。

〔註8〕 胡適：《白話文學史（上）》，合肥：安徽教育出版社，1999 年版，第 20 頁。

〔註9〕 劉復：《瓦釜集代自敘》，《語絲》週刊第 75 期，1926 年 4 月 19 日。

〔註10〕 這與俞平伯始終重視並張揚民間文學、平民文學等不無關係，如「我有一信念，

沒有入集的打油詩，頗有山歌、小調之風。

　　第二次較大規模的運動大致落在從提倡革命文學到 30 年代前期這一時段。當新月詩派的餘緒仍在流行、象徵詩風與現代派詩歌大行其道時，走向大眾化、提倡大眾語創作之類的呼聲也吸引過一部分「向下看」的詩人的關注。魯迅、瞿秋白等人偶爾戲作或嘗試民歌體詩作，如魯迅用上海方言創作的《公民科歌》，瞿氏用北平話與上海話寫的的《東洋人出兵》，以及模倣無錫景致小調的《上海打仗景致》等便是；以中國詩歌會諸詩人為主力的左翼革命詩歌，則集體性地在天真與熱情中充當了民謠體詩歌創作潮流的代表。〔註 11〕從他們作品的內容與形式分析，語言的淺顯、俚俗，風格的歌謠化、大眾化，是其首要標誌。當時發起人兼中堅力量如穆木天、蒲風、王亞平等人，均有大量實驗性的詩作和一些相關理論文章，對歌謠、時調、彈詞、小曲、鼓詞等民間形式的利用與改造，也具有相當的專業水準。特別是詩風不斷變革的蒲風，不但有諸如大眾合唱詩、朗誦詩等創作，而且還專門發表、出版方言敘事詩《魯西北個太陽》、《林肯，被壓迫民族救星》等。這些展開詩歌「大眾化、口語方言化」〔註 12〕的詩群，企圖通過模倣、借鑒歌謠，達到貼近民眾、還原民間的目的，並且想「借著普遍的歌謠、時調諸類的形態，接受它們普及、通俗、朗讀、諷誦的長處，引渡到未來的詩歌」。〔註 13〕可惜的是，這一當下性目標，在否定五四以來的白話文潮流中也沒有走出太遠，即使瞿秋白、蒲風等人也缺乏流傳甚廣的經典力作，在民國詩歌史上的地位似乎也並不高，雖然蒲風還曾獲得茅盾等人的稱讚。〔註 14〕另外從背景上言，「一二‧九」運動，是日軍全面侵華的前

　　　凡真的文學，不但要使用活的話語來表現它，並應當採用真的活人的話語。……
　　　我覺得最便宜的工具畢竟是『母舌』。」見俞平伯：《〈吳歌甲集〉序》，顧頡剛
　　　等輯、王煦華整理：《吳歌‧吳歌小史》，南京：江蘇古籍出版社，1999 年版，
　　　第 16～17 頁。此外，參見俞平伯：《詩的進化的還原論》，《民眾文學的討論》
　　　諸文，均見《俞平伯全集》（第 3 卷），石家莊：花山文藝出版社，1997 年版。
〔註 11〕他們在機關刊物《新詩歌》的《發刊詩》中就宣稱：「我們要用俗言俚語，／
　　　把這種矛盾寫成民謠小調鼓詞兒歌，／我們要我們的詩歌成為大眾歌調，／
　　　我們自己也成為大眾中的一個。」
〔註 12〕蒲風：《詩歌大眾化的再認識》，《蒲風選集》（下），黃安榕等編，福州：海峽
　　　文藝出版社，1985 年版，第 951 頁。
〔註 13〕《我們的話》，《新詩歌》第 2 卷 1 期。
〔註 14〕茅盾稱之為向民謠學習「嘗試成功的第一人」，見茅盾：《文藝雜談》，1943
　　　年刊於《文藝先鋒》；在另一文中稱「抗戰以前，我們的優秀詩人已經吸取了
　　　歌謠的特點，使新詩歌放一異彩。在這上面，蒲風的成就，我們尤其不要忘

奏，一些詩人也預先感受到民族戰爭血腥氣息的彌漫；讀經復古和重提文言的復古運動，引起新文學陣營的反擊，這一切都導致了後來的提倡大眾語運動、通俗讀物編刊運動。當時流行的名詞就是「舊瓶裝新酒」，歌謠就是被譽爲「舊瓶」一類之物，以反帝反封建、大眾化民眾化爲主題的「酒」，陸續裝進這樣的「舊瓶」之中。整體來看，「舊瓶裝新酒」重在宣傳與啓蒙，在文藝自身的建構上也頗多創意與實績，但取得的一切似乎沒有得到積極的肯定。

　　第三次是從 30 年代中後期到 40 年代的抗戰勝利前後，整個民族救亡圖存的現實考驗，像把散沙凝成一團一樣凝聚民心於一體，在這一體化過程中就包括詩人們與普通民眾之間距離的暫時隱失。在戰爭年代，隨著戰線的全面鋪開與持久深入，農村和城市一樣成了戰爭的前線，出身於農村的兵士與廣大農民一樣，在「國破山河在，城春草木深」的時代背景和面對敵人的侵略與屠殺的現實中，切身體驗著你死我活的戰爭人生。人們或者忍痛掩面直對家破人亡，或者輾轉流亡奔走在異國他鄉，整個民族湧動著殊死抗爭的求生本能，燃燒著生生不息的復仇之火。遺憾的是，包括現代詩在內的文藝併入作爲軟武器的戰時宣傳系列之後，卻遭遇了大多數民眾不識字、愚昧落後而又習慣於接受歌謠等傳統的民間文藝這一現狀。爲受眾計，自然而然向廣大民眾靠攏、走近乃至「屈就」，成了壓倒一切的大事，戰爭無情地摧毀了象牙塔而重建了民間，五四以來飽受非議的新文藝不得不再次相信並依賴歌謠等民間文藝形式。在歌謠、大鼓詞、時調、民間故事等形形色色的說唱文藝背景下，湧現出傳單詩、街頭詩、朗誦詩、口號詩、方言詩、明信片詩、詩標語、慰勞詩、大眾合唱詩等等詩歌形式，並湧現出一大批詩人，如艾青、田間、柯仲平、高蘭、光未然、臧雲遠、卞之琳、王老九……詩人們或多或少地注意吸收民謠形式、語言、精神等方面的長處，現代詩的歌謠化特徵較爲明顯。抗日戰爭勝利後，解放戰爭接踵而來，這一趨勢因此沒有得到實質性的改寫。舉例來說，解放區的李季、何其芳、張志民、阮章競、嚴辰等詩人從陝北民謠「信天遊」裏找到了藝術的源泉與靈感，或收集或借鑒，除整理出版《陝北民歌選》、《信天遊》等民歌選本外，〔註15〕還留下了《王貴與李香香》（李季）、《王九訴苦》、《死不著》（張志

記。」見茅盾：《民間、民主詩人》，《茅盾全集》（第 23 卷），北京：人民文學出版社，1996 年版，第 374 頁。

〔註15〕魯迅文藝學院編：《陝北民歌選》，新華書店，1947 年；田間編：《民歌雜抄——民歌四十八首》，星火出版社，1946 年。另外解放後不久還有嚴辰編：《信天遊選》，海燕書店，1951 年；李微含、劉廠韋編：《信天遊》，天下圖書公司，

民）等一大批優秀作品；國統區的臧克家、袁水拍、徐遲、沙鷗、倪海曙等詩人，或取材於民間、或「胎息於『吳歌』」〔註16〕、或追求純方言特色，在諷刺詩、敘事詩、方言詩上取得了突破。至於像賀敬之、魏巍、嚴辰等這些後來在詩壇崛起的詩人，以及廣大民眾以無名氏方式產生的詩篇，一起形成一股合力推動了現代詩朝歌謠化趨勢挺進。

　　這三次詩歌潮流，不論是聲勢還是實績，不論是廣度還是深度，都呈遞陞態勢。另外除了這些顯著的因運動方式而隆起的浪峰外，分佈在浪尖之間的是散失的歌謠化詩歌，星星點點，雖然沒有形成大型化規模化態勢，可是從一些詩人在某一個時段、或某一本詩集中間夾雜若干類似性質的詩作來看，倒是非常龐大而蕪雜的。這一由點到面、隨處可見的與歌謠為鄰的現象，說明了什麼呢？——其中最主要的原因恐怕不外乎以下數端：一是建立在「向下」、「平等」、「啓蒙」等觀念上的價值取向，其中還包括複雜的讀者因素的問題。詩人們推開書齋之窗，生靈塗炭、民生惟艱這一血與火的現實，讓詩人在再次抉擇後重新認識了時代，更何況到了全民族戰爭下，自己也不得不放逐肉體凡身，混在民眾中逃亡。二是尋找知識份子在戰時的工作崗位，盡自己的力量把文藝與宣傳合成一股合力彙入到抗日的洪流中去。為了同民眾、兵士這一龐大主體相配合，知識份子精英隊伍中的詩人們迅速地向社會基層、底層撲去，這是沒有太多猶疑的舉止，它付諸於行動，接過外部環境拋給自己的白手套。三是尋找藝術自身的變遷，不管你以何種姿態、目的寫作，都會有一個藝術借鑒、模倣的對象與過程，個人的文學才華不是無源之水，而當時西方文學資源並沒有源源不斷而來，有時甚至被完全掐斷，剩下的祇是腳下那片燃燒著戰火的土地，而那戰火甚至把自己的家園也燒為灰燼了。一個直接的問題就會油然而生：除了高度雅化的古典詩詞之外，幾千年的民間歌謠都不斷地成為歷代詩人們的創作源泉，為什麼就會在最需要的年代斷送呢？歌謠文藝像空氣與水分一樣，成為主體不可避免的潛在資源。有學者這樣認為：「在理想的晶瑩潤澤與現實的枯萎乾澀之間，起著平衡調劑的是什麼呢？我認為，這就是以《國風》、《樂府》為原型、又彌漫生長在廣大

1951 年。

〔註16〕茅盾：《民間、民主詩人》，《茅盾全集》（第 23 卷），北京：人民文學出版社，1996 年版，第 374 頁。此外，茅盾在談到這一情況時還說：「一些青年詩人的『方言詩』亦往往有佳制：『方言詩』的格調也和民間歌謠有血脈相通之處。這一趨勢，顯示了我們的新詩歌正在大眾化的路上快步前進」。引處同前。

民間的歌謠藝術。是歌謠這一完全非文人化、非貴族化的純樸自然的詩歌樣式，不斷帶給中國詩人新鮮的刺激，促使他暫時離開固有的軌道，汲取豐富的營養，藉民間藝術的活力稍稍撥正那過分扭曲的『正統』詩路，維持著詩的歷史運動。」〔註17〕這一論述涵蓋了自古以來歌謠對詩歌的影響，自然也可拿這樣的眼光來看民國詩歌史上歌謠與詩的互動與影響，可謂深中肯綮。

二

在民國文學時期，現代詩與歌謠密切聯繫的模式，差不多沿襲了詩史上既有的路數，雖然有人不斷地通過貶低或者迴避來淡化上面論述的這一關係，但也有不少論者還是較爲客觀地承認並張揚了這一事實。接下來的問題是，不同詩人、學者如何看待現代詩「取法於歌謠」的呢？歌謠隱現中體現的滋生、牽引、互補功能怎樣全面影響創作？從兩者的思想情感、結構章法、語言風格、精神實質等方面都能作出不同的回答，這裡主要從語言、精神角度來略作梳理。

從語言角度審視，歌謠的語言載體則完全是各地民眾嘴上流動的語言，歌謠口耳相傳的特點，使得它首先是活在嘴巴上的母語，它是鮮活的，有著自己的體溫與活力，以致有人還固執地認爲歌謠一寫下來就會死去。歌謠的語言是「活語」、「母語」，對活語的具體化闡釋，就是各地方言，雖然在不同時期也有諸如「大眾語」、「群眾語言」之類的稱呼。早在二十年代，周作人就宣稱「歌謠原是方言的詩」；〔註18〕胡適也以具體歌謠爲例，稱之爲「地道的白話詩」、「刮刮叫的大眾語的詩。」〔註19〕「山歌是民俗的詩，方言的詩。要很好地記錄它，就必須通過這種關隘（民俗、方言等），才能體會到它的妙處。」〔註20〕「歌謠是現成的有節奏有音韻的白話詩」。〔註21〕可見，歌謠與活的方言，以及以「上口」爲標準的白話詩之間沒有鴻溝，歌謠與白話詩是近親近鄰，方言衹是活的工具而已。從個案來看，五四以來的《歌謠》周刊，

〔註17〕 李怡：《中國現代新詩與古典詩歌傳統》，重慶：西南師範大學出版社，1999年版，第 115 頁。
〔註18〕 周作人：《歌謠與方言調查》，《歌謠》第 31 號。
〔註19〕 胡適：《復刊詞》，《歌謠》二卷一期，1936 年 4 月 4 日。
〔註20〕 鍾敬文：《晚清改良派學者的民間文學見解》，《鍾敬文文集·民間文藝學卷》，合肥：安徽教育出版社，2002 年版，第 325～326 頁。
〔註21〕 梁實秋：《歌謠與新詩》，《歌謠》二卷九期，1936 年 5 月 30 日。

在徵集時就強調各地歌謠搜集者在具體執行時要「方言成語，當加以解釋；歌辭文俗，一仍其眞，不可加以潤飾；俗字俗語，亦不可改爲官話。」〔註22〕在具體的刊物編輯流水線上，錢玄同、顧頡剛、沈兼士、周作人、劉半農等負考訂方言之責。這些承載著各地民俗風情的方言，雖因地域不同而在語言交流上存在障礙，如方音的實錄，有音無字現象等，但要想存其眞，就只能借助於注音符號、羅馬字母或國際音標來幫助記音，用同音字或別字來因聲求義。這是口頭與筆頭的區別，如有損耗也是無可奈何之事。如沈兼士認爲：「歌謠是一種方言的文學。歌謠裏所用詞語，多少是帶有地域性的，儻使研究歌謠而忽略了方言，歌謠中的意思、情趣、音調至少有一部分的損失，所以研究方言可以說是研究歌謠的第一步基礎工夫。」〔註23〕

綜觀《歌謠》周刊上搜集的各地歌謠，絕大多數在字面上是北方語充分方言化，用當時白話基本上能解決記錄、整理等相關工作。相反，因當時廣東、福建、湖南、江西等方言區記音困難，甚至有自己方言區屬特徵的字詞符號，相應徵集歌謠就很少。而北方方言區絕大多數是寫得出字的，所以整個《歌謠》周刊上登載的各地歌謠，絕大多數都具有可懂性，對非北方方言區改編、加工的痕迹則突出一些。

在此基礎上，我們再來看現代詩在運用語言與精神上如何借鑒歌謠、如何取法於歌謠這一特徵。這裡可分幾層來說：首先，是語言精神取向上的口語觀，它是簡短、樸素、生動而又原生態的，它突出於一個「眞」字。自從明朝李夢陽在詩論中標舉「眞詩乃在民間」之後，這一理念便深入人心，而眞詩在民間所體現的「眞」，既包括語言質地上的「眞」，也包括精神價值上的「眞」。簡潔、凝練、樸素，富有表現力；鄙陋、簡短、粗俗也有自身的表現力，關鍵是看表現什麼對象、如何表現。蕪雜的口語除了供語言煉金術提煉之外，我們不應忘了它本身也有表現力而不僅僅衹是原料。歌謠突出的是個體自我關於苦難、反抗、親情等方面的生存實感，它往往與粗礪、質樸、

〔註22〕《本會徵集全國近世歌謠簡章》，刊於創刊後的《歌謠》周刊各期。類似的徵集函後來在四十年代的《新華日報》、《華商報》等共產黨主持的黨報上也刊登過，譬如中華全國文協香港分會方言創作組，爲收集研究方言文藝資料在《華商報》上公開向社會發出《徵求》：「一、廣州話、客家話，和潮州話的方言辭彙，或成語俗諺。（最好能加以解釋。）二、各地的方言山歌及民謠，能連曲譜一齊寄來最好。三、各地民間故事，手抄本或木刻印本都可以……」見《華商報》1948 年 4 月 22 日。

〔註23〕沈兼士：《今後研究方言新趨勢》，《歌謠》周刊，第 35 期，1923 年 12 月。

野性有緣，因此在溫婉、雅致、精巧的語言體系中有必要嵌入具有野性力量的粗笨化語詞與精神氣質。只有語彙、句式的豐富與層次的多樣化，才能對應著多元化的客觀現實。真的文學，首先是存在的真，是語言本身聲口的真，如果正視這一點，我們就可以一直感受到底層民眾生活的普遍艱難性與被虐奪性，不論是哪個朝代，都是重演底層民眾被壓迫、榨取的歷史，簡單而豐富的愛情、繁重而愉悅的勞作、簡樸而本質的人倫，與譴責強權奴役、諷喻權貴貪婪等母題都是雙向展開的，而這一切在歌謠的語言與精神背景中是合二為一存在的整體。〔註24〕這也是儻若反映一個社會的真實，從歌謠上去考察往往要厚實得多的原因之所在，它與閒適文人之間毫無血色的文字遊戲也就不可同日而語。

其次，歌謠語言因純方言化、純口語化而呈現出地域母語化色彩，它像一個用之不盡、取之不竭的語言倉庫，源源不斷地輸送給養。歌謠語言是大白話，聽得懂、念得上口，絕對是流動不居的；同時不斷新陳代謝，一邊創造一邊丟棄，可以說是自動式「揚棄」。另一方面，這一以「粗、俗、白、活」為價值的口語取向，從源頭上迴避了雕琢式的陳陳相因的可能。正因這些長處，拉長歷史來看便可知道它給現代詩的啟示也是多方面的：一是現代詩包括新文學整體上辭彙的貧瘠與單調，要從活語中去尋找、充實，拋開方言辭彙，當時所謂的「國語」就成了無源之水無本之木。二是語法、方音上面也有可資借鑒之處，不同地域語言表達同一對象時可能的句法、句式，都有可能大異其趣。如劉半農《擬兒歌》、《擬擬曲》對北京底層勞動者的寫真，《瓦釜集》中用江陰方言對江陰一帶民眾愛情、勞動的描摹；徐志摩土白詩對現實更畢肖的顯現；馬凡陀山歌對大都市居民生活的投影……都具有某種難以言說的特殊韻味。可以大膽地說，只要接觸歌謠與廣大民眾，即使不會被方言所俘獲，也不會本能地排斥方言土語。不過，方言土語也有兩面性，對於不熟悉它的外地人而言，它也會造成表層上的閱讀障礙，但這障礙到底有多大，似乎還值得算一筆帳。單純從讀者基數上講，有兩種可能：一是全

〔註24〕五四時期一位學者對此還有以下代表性意見，他認為村歌俗諺「實在這些都是國民情調的表現，簡直可作為國風小雅一例看待——這些歌謠，寫的是真景，抒的是真情，會的是真意趣，絕對真實的表現，是極端自然的文章。不管是田夫野老的所唱，是榜人漁夫的所唱，或且出之於十三四歲女孩兒的口中，就歌辭來講，情景總是很深，趣味總是很濃，就音節來講，聲韻又是無不調和的。」見紹虞：《村歌悝諺在文藝上的位置》，《歌謠》12號，1923年4月1日。

國意義範圍，如果作品只能普及到小知識份子層面，這一隊伍也並不太大；如果侷限於某一地域，作品得到大多數民眾喜歡，在數量上也很可觀。另有一層，單純從數量上也不能得出決定一切的結論，它並不是價值判斷惟一的尺規。

更重要的是，歌謠中優秀的作品，其技術之靈巧、音節之流暢、語言之漂亮，至少是可以供現代詩作者揣摩、借鑒的。音節是現代詩面對的難題，白話詩不能沒有音節，但是白話往往有囉嗦、冗餘之痼疾，讀起來覺得不順口、更談不上吟誦。「歌謠的音節正是新詩作者所應參考的一個榜樣。因爲平民還保存著對於有音節的文字的喜悅，若說這是野蠻的遺留亦無不可。……至於歌謠的用字之簡樸，以及抒情敘事之手腕，均能給新詩作者以健康的影響，自更不待言。」〔註 25〕另有一層，現代詩的創作都離不開模倣、參照，孤身前行的任何文體，至少也要摸著石頭過河。在現實與文藝關係中，歌謠永遠是生活的牧歌，我們不排除現代詩歌發展中「取境」於域外詩壇的一維，但本土資源也是不可偏廢的參照糸，是一排排幫助過河認路的「石頭」，摸著這些標誌物過河，不至於無路可走。

最後與此相關的幾點，也補充交代如下。歌謠在寫法上，往往追求技巧上的故事性、敘事化，偏於具體、客觀呈現。這一手法影響現代詩人的技巧運用，如胡適一生強調以具體、清楚、明白的寫法至上；如劉半農、劉大白、沈玄廬等人的詩作均以「白描」手法爲主，在具體刻畫下層人民的形象及其生活實際上有出色的發揮。在 30 年至 40 年代，歌謠化傳統給民國詩歌史帶來了一個十分重要的詩學現象：即敘事詩特別是長篇敘事詩急遽增多，如田間的《趕車傳》、李季的《王貴與李香香》、阮章競的《漳河水》、張志民的《死不著》、李冰的《趙巧兒》等都是名噪一時的佳作。我們還可以擴展開去，看一看民國詩歌史上強化敘事、故事性、戲劇化的有關現象，如朱湘、臧克家、艾青、何其芳這些「文人色彩」濃厚的詩人，也在特定的外部條件下創作過類似風格的優秀作品。

總而言之，不管是模倣還是獨創，不管是抒情還是敘事，歌謠化趨勢所滲透的影響普遍存在。只要不缺乏持久的試驗與體驗，不祇是應景式的淺嘗輒止，它必將以樸素、鮮活的精神，以嶄新的辭彙、句法灌入現代詩歌，像輸血一樣加強了詩歌本身的造血功能。

〔註 25〕梁實秋：《歌謠與新詩》，《歌謠》二卷九期，1936 年 5 月 30 日。

三

　　爲什麼現代詩發展到每一個十字路口後再如何走，走到哪裡去時，歌謠因素便會彰顯出來？現代詩與歌謠作爲遠親兼近鄰，它們結伴而行的同盟關係到底如何評估，並如何再進一步延續下去？下面先分別以三個時期的代表性作家爲例來予以簡要論述，再來回到以上問題中來。這裡所舉的詩人，分別是劉半農、瞿秋白、李季。

　　在五四時期，劉半農就白話詩取法歌謠方面的嘗試可謂首開風氣，也最爲大膽。出於「我們要說誰某的話，就非用誰某的眞實的語言與聲調不可；不然，終於是我們的話」〔註26〕的觀念，劉半農既創作了幾十首用江陰方言配合「四句頭山歌」形式創作的詩，還創作襲取歌謠復遝形式，喜歡營造迴環往復、多個詩節在重複中略有變奏的詩作，如《教我如何不想他》等。詩人致力於仿傚，不論是形式、格調、口吻，還是詩句的用詞、句法，都達到以假亂眞的地步，模糊了人工之花與自然之花的界限。

　　瞿秋白對歌謠的重視主要立足於政治領袖對民眾的宣傳鼓動上，他在非議五四以來白話文取向上，提出「歌謠化」主張，像強調「詩歌應當與音樂結合在一起，而成爲民眾歌唱的東西」〔註27〕一樣，他的目的是求得可誦性與可唱性，既把文藝與政治結合起來，初步實踐文藝爲政治服務的方針，又力求從視覺型藝術轉移到聽覺型藝術，以便於普及到識字不多甚至不識字的工農大眾中去。在歷史的承接上，他拒斥文人傳統，熱心向民間歌謠吸取資源與話語權勢。因此，作爲一個曾任過黨中央總書記與負責人的瞿秋白，對白話詩乃至新文學的不滿，與他的文藝重建思想與政治眼光息息相關，正是在這一鏈條上，他所能憑藉的莫過於民眾與民間所出產的本地文藝。關注現實民生、申訴民間疾苦，煽動民眾不滿，也自然在他的視界範疇之中。後來，政治人物在這一問題延續了這些觀點與做法。

　　四十年代的李季以《王貴與李香香》得名，其後一生耕耘似乎也沒有超越此作。在創作此詩前，他曾廣泛收集陝北的信天遊三千餘首，大概可以分爲情歌與戰歌兩大類，這二大類暗自吻合《王貴與李香香》「革命與戀愛」主題的二重奏。詩人在汲取陝北歌謠資源時所進行的改造與創化，幾乎達到了

〔註26〕劉半農：《寄〈瓦釜集〉稿與周啓明》，《半農雜文》，石家莊：河北教育出版社，1994年版，第136頁。

〔註27〕穆木天：《關於歌謠之製作》，《新詩歌》2卷1期，1934年6月1日。

出神入化的境地。在《王貴與李香香》全詩中，即有現成的「順天遊」的襲用與改進，又有推陳出新的佳句妙語。在移植中甄別、提煉，在借用中糅合、打磨，在仿傚中改造、創新。僅舉數例爲證，全詩有兩個重要情節處理，一是第一部第四大段《掏苦菜》中，從「玉米開花牛中腰，／王貴早把香香看中了」到此節末尾，共 18 節 36 行；二是第三部第二大段《羊肚子手巾》中，從「手扒著榆樹搖幾搖，／你給我搭個順心橋！」到「馬高鐙短扯首長，／魂靈兒跟在你身旁」部分，共 17 節 34 行，前一處是王貴與李香香大唱小曲互訴私情，後一處是王貴走後李香香借唱曲訴說苦衷並盼望王貴回來，這兩處充分發揮了民間歌謠既有的優勢。

　　綜上所述，可見民國不同時期的現代詩歌作者，或出於求眞意志，或出於政治目標，或出於語言優勢，均能駕馭與地域、母舌相近的土語方言資源，對方言化的歌謠有一種親切、上口、順耳的潛在美感。

　　這一切與人的生活經歷似乎密切相關，大而言之，現代詩人，大部分都出自農村、鄉下等經濟狀況殷實、富足的大戶人家，其中雖然有些家道中落，但也與一般農家區別較大。較常見的是，他們一般又在家鄉接受家教，在私塾性質的學堂念書，大部分是在成人後走向社會、走出家庭並融入陌生的都市，因此語言上自然有親和力。在民國詩歌史上，我們雖然找不出普遍力倡方言詩歌的主張，但也很難找到反對把方言土語納入現代詩歌的主張等等這方面的原始文獻，即使有朱湘、李健吾、梁宗岱、袁可嘉等人偶然流露出一些不滿，但這種不滿都是論者或攜帶個人恩怨，或針對歌謠化運動走向極端並力倡一元化主張時，進行的善意反撥。

　　其次，歌謠本身在底層生長，有自己的生態平衡系統，千千萬萬民眾靈與肉的心之吶喊，源源不斷地保證了它的正常生長。它構成民間文化形態的一部分，在邊緣地帶自由自在長存著，只要不去人爲地破壞、糟蹋，它就千百年來自生自滅著，眞可謂野火燒不盡，春風吹又生。另一方面，歌謠的自在狀態與它的優劣也是密切聯繫的，歌謠大量發揮作用的時候，往往是仰賴人力輔佐的原因。如政府機構以行政命令的方式，發動文人去采集、加工、裁剪，來一個去蕪存精的過程，《詩經》、《樂府》、歌謠周刊、延安時期的《陝北民歌選》之類，莫不如此。歌謠的影響與侷限，客觀地說也是在這裡辯證存在，如抗戰中後期把大眾化的朗誦詩處於獨佔的地位而非獨立的地位，就招致了朱自清的反動；如果把方言文學、方言入詩作爲主潮，一旦政權變革

馬上就會調整，具體例子莫過於建國後對文藝與方言關係的討論，相當一部分看法就是強調提煉來疏離方言。

從這個角度看來，歌謠與現代詩都各有自己的宿命，兩個運行的圈子始終只有部分重疊。建構現代詩傳統中的詩人個體，每每從歌謠這一民間藝術裏汲取營養，推動文人化創作向著更精緻更純熟的方向邁進，正如有人所言「歌謠不但是詩的母體，而且永遠是它的乳娘」。〔註28〕一旦完成這一建構，歌謠的地位從高到低滑落，歌謠因素，對古典詩詞這樣，對現代詩也莫不如此。兩者一道前行，在離合之間滑行。另一方面，兩者之間也相互生發，互利雙贏。歌謠得到現代詩人自覺而完整的總結，能提升到一個全新的歷史層面；文人化的現代詩創作因歌謠的催迫而實現自我否定與螺旋上陞，歌謠所能給它的是一種特殊的藝術新質，緩和了它因僵化而來的枯萎。以此而言，歌謠是現代詩歌最可靠而不求索取的同盟軍，它的意義在於無私地敞開，而不是有力地替代。關於這方面，詩集《農家的草紫》的作者何植三倒有一段精采的話：「歌謠所給新詩人的：是情緒的迫切，描寫的深刻；本來做詩須有迫切的情緒，有情緒然後很逼迫的寫出來；否則便不是詩，便不會成詩」。〔註29〕換言之，就是在真正有感而發的情況下藝術性地加以書寫，雖是一句老話，但也有時時搬出來老調重彈的必要。

四

前面說過，現代詩從歌謠那裡獲得的藝術原質是全方位的，如復遝、比興的藝術手法，如素樸、明朗的美學風格，如真摯、純正的現實精神，如順耳、流暢的語言品質。在兩者的通道上，或從地域語彙、句法，或從文本篇章、結構上，歌謠向現代詩這樣長期敞開著，不難設想，如果沒有歌謠為鄰，白話詩歌如何獨立發生、成長與壯大。

有論者認為：「在這種新的詩歌言說方式的建構中，胡適、沈尹默等人利用『白話』的自由和靈活脈裂了傳統詩體的桎梏，是一種傾向；而劉半農等人以民間謠曲等『小傳統』為資源，又是一種傾向。民間謠曲從本原上說是一種在『口裏活著』的文學，語言上是口語化的，內容上不太受正規道德規

〔註28〕鍾敬文：《詩與歌謠》，《芸香樓文藝論集》，北京：中國文聯出版公司，1996年版，第170頁。

〔註29〕何植三：《歌謠與新詩》，《歌謠周年紀念增刊》1923年12月17日。

範和文人價值的約束，因而能給『白話詩』注入清新活潑的意趣和口語化、現實化的品格，順應了『新詩』從文人化向平民化轉變的時代要求。」〔註30〕這一論斷針對的是五四時期歌謠之於白話詩的意義，可謂一針見血。沿此思路，從現代詩歌流變歷史某一長時期延伸來看，這一判斷似乎也有效，因爲桎梏並不能一次性「脹裂」，「小傳統」的資源也就不會是一次性消費，它是一場永無休止的歷史接力賽。

第二節　方言文學視野下的方言詩

方言與文學、地域文化關繫之密切，徵之古今皆然。作爲語言的藝術，文學本身離不開以地域方言爲基本質素的自然語言之存在與發展，它與人類社會生活、日常經驗等存在的事物唇齒相依流貫至今，像任何地域都能自足地出產不同生物群一樣，某一地域的方言也是自足的生命存在，並藉此建構獨特的地域文化。反映人類生活的文學藝術，因離不出語言而離不開地域方言，不論是古典詩歌、詞曲等大的正統文體，還是小說、戲曲、筆記等旁類文體，都與方言保持不同程度的融合性，構成一種難以抽繹的共語膠著狀態。按胡適的雙線文學史格局來看，〔註31〕他所鈎沉出的近千年的白話文學史，更是以方言母語爲基礎，國語文學乃是自然語言一千多年歷史進化的產物。這樣一路追溯而來，再具體縮小到民國文學這一版圖上，其實質也大致如此。

地域方言的存在和演變，與民國文學總的演變、發展歷史暗暗吻合。辛亥革命前後，民國文學開始與古典文學出現異質性的一面，民國作家逐漸認識到白話與方言的內在聯繫，重視方言作爲民族化石的價值和人們口頭「活」的母語的意義，對這一語言形態多有眷顧，到五四前後胡適所倡導的「文學的國語，國語的文學」階段，「國語」在攝入方言、同化方言，實現國語與方

〔註30〕 王光明：《現代漢詩的百年演變》，石家莊：河北人民出版社，2003 年版，第 84～85 頁。

〔註31〕 「文學史上有兩種潮流，一種是上層的，上層文學是士大夫階級的，是貴族的，守舊的，保守的，仿古的，抄襲的。一種是下層的潮流，下層潮流又有無數的潮流，這下層的許多潮流都會影響到上層去。這下層全從老百姓中來的，在隨時隨地創作文學上的新花樣。老百姓的文學是真誠樸素的，它完全是不加修飾的，自由的，從內心中發出的各種的歌曲。每一時代之新文學，都是來自民間。」見胡適：《中國文學史的一個看法》，胡適著、季羨林主編：《胡適全集》（第 12 卷），合肥：安徽教育出版社，2003 年版，第 233～234 頁。

言的融會貫通也是一以貫之的。作爲朝代文學概念的民國文學，與作爲傳統觀念中的方言「白話」文學，兩者的縱橫交錯、合流互補的局面，始終是主流。另一方面，具體延伸到某一類型的文體身上，則體現出不同的形態與層面性，也就是說，方言在不同文體中滲透、影響的方式與介入程度不盡相同。不同文體如小說、戲劇、散文、詩歌，與方言彼此結合程度不一，產生效果不一，得到的評價也參差不齊。

基於此，本節把方言入詩整體放在民國文學格局下，參照方言文學這一背景進行審視，主要圍繞以下幾個方面進行闡釋：一是國語文學與方言文學的縮結；二是方言文學指掌圖中的文體分佈情況；三是方言詩歌與方言文學及地域文化的關係。

一

國語文學與方言文學關係如何，這是一個頗大的話題，總的來說，兩者之間有重疊和交叉，也有出入與分歧。這裡不妨首先從民國文學的發生說起。

自晚清文界革命、詩界革命相繼發生之後，以白話爲文學工具的呼聲一浪高過一浪；五四新文化運動更是助長了這一趨勢，胡適《文學改良芻議》與陳獨秀的《文學革命論》等主張發表以後影響更甚，對舊文學的發難便接踵而至。爲了達到推倒對手的目的，白話文運動也策略性地開展「統戰、團結」工作與自身的強身健體活動。典型的如胡適剛拋出芻議不久，於 1918 年又在《新青年》雜誌發表《建設的文學革命論》，從推倒到建設的時間相當短暫，「彼可取而代也」的心理也更爲迫切。就關於如何創造活的新文學，如何建設好全國性質的國語問題上，他提出的口號是「國語的文學，文學的國語」，其大旨是「我們所提倡的文學革命，祇是要替中國創造一種國語的文學。有了國語的文學，方才可有文學的國語。有了文學的國語，我們的國語才可算得眞正國語。國語沒有文學，便沒有生命，便沒有價值，便不能成立，便不能發達。」〔註32〕胡適對如何建設國語的思路非常超前，看問題也相當深刻。在沒在標準國語的情況下，唯一的工作便是用白話工具去做白話的活文學，如儘量採用四大古典白話小說的白話，採用今日的白話，甚至還可採用淺顯文言來補助。當時祇是有採用今日的白話這一提法，沒有直接點明今日白話

〔註32〕 胡適：《建設的文學革命論》，姜義華主編、沈寂編：《胡適學術文集・新文學動動》，北京：中華書局，1993 年版，第 41 頁。

的方言本質，到稍後的階段，隨著對國語討論的深入，方言文學名正言順地提到議事日程上來了。其中，在溝通國語與方言文學之關係上，胡適、周作人、錢玄同等人主張大同小異，呼聲也最爲響亮。

胡適認爲「一切方言都是候補的國語」，變成正式的國語則有二點：一是在各種方言之中，通行最廣；二是在各種方言中，產生的文學最多。〔註33〕錢玄同除了肯定方言是國語的基礎之外，還認爲方言文學與國語文學是呈正比例的，「它不但不跟國語文學背道而馳，而且它是組成國語文學的最重要的原料。方言文學日見發達，國語文學便日見完美。」〔註34〕周作人在倡導方言調查時也抱這一目的：「現在中國語體文的缺點在於語彙之太貧弱，而文法之不密還在其次，這個救濟的方法當然有採用古文及外來語這兩件事，但採用方言也是同樣重要的事情。……方言調查如能成功，這個希望便可達到，我相信於國語及新文學的發達上一定有不少的影響。」〔註35〕諸如此類相似的觀點還相當多，這裡不一一贅引。歸納起來，他們言述的中心點之一，便是在北方方言「升格」爲國語後，方言文學是其不可缺少的語料庫與龐大資源。這種視方言爲資源性質的觀念，當然是從國語文學自身的建設著眼，體現了一種先入爲主的思維模式。如果換一角度，站在方言文學這一角度來看，它就不僅僅是一種被動的角色，它自身的發展是在不分主次這一平臺上發生的，這樣也有充分發展、生長甚至翻身的機會。不過，與後來越來越重視「民族共同語」及其文學，排斥貶低方言與方言文學來說，在當時客觀情形下，能把國語文學與方言文學之關係作如此平等、互惠性質的定位，還是較爲可取的。

基於整合各地方言之力、一心一意建設國語的設想，五四時期，不論是民間各地歌謠的搜集與整理，還是民國文學各文體的發展與建設，不論是五四文學一代先驅元老們，還是後來在文壇上大展身手的作家們都重視各地方言。「方言——母舌（母語）這一對等關係，也大爲流行。對每一個具體的民國作家而言，來自各自家鄉母語方言往往是他最適合、最熟悉的書寫工具，雖然全部用方言來創作的作家並不多見，但拒絕或完全沒有方言因素的作家作品，是絕無僅有的。民國文學三十餘年短暫歷史中，這一趨勢基本得以保

〔註33〕 胡適：《國語文法概論》，胡適著、季羨林主編：《胡適全集》（第1卷），合肥：安徽教育出版社，2003年版，第421～422頁。
〔註34〕 錢玄同：《吳歌甲集·序四》，顧頡剛等輯、王煦華整理：《吳歌·吳歌小史》，南京：江蘇古籍出版社，1999年版，第25頁。
〔註35〕 周作人：《歌謠與方言調查》，《歌謠》周刊第31號，1923年11月4日。

留，對最熟悉的語言略加提煉，去呈現作家個體最爲熟悉的生活，是普遍意義上的公式。這裡無暇多顧，僅以民國文學中吳語區作家爲例。

吳語作爲生活在吳越地區人們日常通用的方言，在中國文學史上，對詩詞戲曲、話本小說、彈詞說唱等文藝產生相當深遠的影響，不但有大量吳語方言成分滲入的文藝作品，還有純用吳語方言的作品。從遠一點看，典型個案如韓邦慶寫蘇州煙脂生活圈的《海上花列傳》，張春帆寫滬上青樓生活的《九尾龜》，張南莊以鬼話形式寫成的詼諧之作《何典》，一般套路是敘事用北方方言而對話用蘇白。至於民國文學史上，出身吳語區或在江浙滬長期居住工作的作家，以省份計是最多的，某詞典性質的著作中，收錄作家數量由高到低的前三位分別是：浙江 77 人，江蘇 66 人，四川 44 人。〔註36〕可見，吳語區的民國著名作家，在數量上高居榜首，具體如魯迅兄弟、茅盾、劉半農、葉聖陶、俞平伯、鄭振鐸、郁達夫、徐志摩、馮雪峰、周瘦鵑、孫伏園、許欽文、柯靈……既然他們出身吳語區，從小習慣的是吳地方言，因而他們的作品中留下方言痕迹是非常自然的事。其作品的字裏行間，流露出吳語方言成分，或是語彙上的，或是語法句式上的，甚至整段整段皆以吳地方言出之，這也較爲普遍，如魯迅的小說、散文、詩中，就有不少吳語成分，現在流行的國民教科書，凡載有魯迅作品的，幾乎都配有這方面的相關注釋；另外學術界專門注釋魯迅作品中紹興方言的，就有專著數本。〔註37〕又如小說巨匠茅盾、詩人兼散文作家徐志摩，都對家鄉方言有所汲取：茅盾不但在「農村三部曲」等小說中折射出浙江水鄉濃鬱的鄉土氣息，而且在四十年代對方言文學的爭論中，對方言文藝給予了相當高的評價；徐志摩的土白詩是一大特色，散文中熔鑄方言的功夫也頗受歡迎。

這還是以最爲熟悉的例子爲證，如擴大到湘方言、粵方言、客家方言等大的方言區來嚴格梳理，則是一個浩大的工程。從某一方言的語言特徵出發，以該方言區出身或受此方言影響的具體作家立論，都可以發現類似的語言痕迹、得出厚實的研究結論。另一方面，即使是大的方言區域，再細分爲若干細的次方言區或方言點，其差異之大，也是令人咋舌的。「南方某些方言與共

〔註36〕 現代文學研究館主編：《中國現代作家大詞典》，北京：新世界出版社，1992年版。

〔註37〕 筆者所見就有：謝德銑二本：《魯迅作品中的紹興方言注釋》，杭州：浙江人民出版社，1979 年版；《魯迅作品方言詞典》，重慶：重慶出版社，1992 年版。倪大白一本：《魯迅著作中方言集釋》（增訂本），瀋陽：遼寧人民出版社，1981 年版。任根寶一本：《魯迅著作的江浙方言》，北京：中國文聯出版公司，2005 年版。

同語之間差異之大，竟達到互相聽不懂的地步」，〔註38〕客觀地說，放大開來看並不是南方某些方言如此，就是北方方言區內部，這樣的情況也不會少見，互相聽不懂的情況實際上也存在著。地域遼闊、山川分割的地理地貌，分化與統一相交錯的不平衡歷史演變，再加上人口的不斷遷徙，這一切自然給方言文學提供了生長的土壤，更何況民國時期長期處於軍閥割劇、戰爭不息這一大一統乏力的時代語境中呢。

二

　　方言文學是一個籠統的概念，具體從文學內部的文體來看，各種文體與方言之間的吻合性與匹配程度也大爲不同。在文學理論介紹性質的著作中，一般以小說、戲劇、詩歌、散文四分法來劃分文體類型，〔註39〕雖然也有一些著作劃分不一，但這四類佔據主體地位，因此這裡也以此四類爲準，略作比較。

　　在四類文體中，現代小說與方言的關係最爲密切。作爲一種側重刻畫人物形象、敘述故事情節而又在篇幅伸縮上最靈活的文學樣式，小說所具有的這一文體特徵有助於它對各地方言的大量吸納與吞吐。運用地域方言來塑造地域環境，或爲了描摹人物口吻起見而通過大量原生態的個性化口語來塑造人物性格，都是小說家的必然選擇。民國時期優秀的現代小說，一般給讀者印象最深的是個性化的人物形象，因身份地位文化職業等諸方面參差不齊，以致他們各有各的聲口，爲了惟妙惟肖地予以呈現便不得不考慮折射在語言上的特點。用方言，能繪聲繪影，刻畫入微，人物脾氣語調和態度，躍然紙上，這正是方言文學的特色，使讀者產生一種如見其人，如聞其聲的現場感。正如胡適所說「通俗的白話固然遠勝於古文，但終不如方言的能表現說話的人的神情口氣。……通俗官話裏的人物是做作不自然的活人；方言土話裏的人物是自然流露的活人。」〔註40〕其次，現代小說一般篇幅沒有太多的限制、伸縮性最大，從短篇小說的數千字到長篇小說的數百萬字，卷佚浩瀚，容納一點方言基本不起眼，所以除了在對白中大量採用方言外，在敘述、描寫、抒情等部分也照樣可以納

〔註38〕黃伯榮，廖序東主編：《現代漢語》（增訂三版上冊），北京：高等教育出版社，2002 年版，第 4 頁。

〔註39〕參見童慶炳主編：《文學理論教程》（修訂版），北京：高等教育出版社，1998 年版，第 243～253 頁。

〔註40〕胡適：《〈海上花列傳〉序》，胡適著、季羨林主編：《胡適全集》（第 3 卷），合肥：安徽教育出版社，2003 年版，第 523 頁。

入各地方言。如專注於運用北平方言寫作的小說家老舍，自長篇處女作《老張的哲學》問世始，不論是長篇《二馬》、《牛天賜傳》、《駱駝祥子》等，還是《月牙兒》、《斷魂槍》等中短篇小說，無不創造性地運用北平市民淺易地道的京白口語，其所使用的語彙、句式、語氣以至說話的神態氣韻，都滲透著北京文化的精髓，以獨特的「京味」而獲得「語言大師」之譽。運用四川方言的沙汀、李劼人、艾蕪等人，不僅在小說中大量徵用四川方言，保留了四川方言原有的語法規則和思維邏輯，形成帶有地域文化標籤性質的特有聲腔韻調。又如粵語區的歐陽山、草明、黃谷柳等小說家，也以母語方言粵語來創作了大量優秀、富有個性的作品。這些廣義上的方言小說，因注意採用方言（或稱之為廣大群眾熟悉的語言）而做到作品的通俗易懂、生動形象，不但受到本地方言區以底層工人、店員、市民以及學生等為基本受眾的讀者歡迎，還流傳到別的方言區，同樣產生了廣泛而深遠的影響。

體式靈活、伸縮自如的散文文體，吸附方言的能量也較為顯著。不論是雜文隨筆、筆記小品、遊記序跋，還是日記書信、新聞傳記等附屬文類，涉及面相當豐富，呈現出雜糅性特點，它或敘事、或描寫、或寫意，寫法自由，對「方言入文」這一傳承顧慮甚少。這裡也僅舉一例，如徐志摩就在精美的行文中摻雜方言，得到了評論者的肯定，「散文方面志摩的成就也並不小……志摩可以與冰心女士歸在一派，彷彿是鴨兒梨的樣子，流麗輕脆，在白話的基本上加入古文方言歐化種種成分，使引車賣漿之徒的話進而成一種富有表現力的文章，這就是單從文體變遷上講也是很大的一個供獻了。」〔註41〕可見，以白話為骨幹，適當加入種種語言成分，有充分的自由。散文文體在日益拓展邊界的同時，也在篇幅上更為靈活多樣，語言的包容能力也會無形中擴大；此外，散文內容的日常化，也幫助它具有對方言土語積極的吐納功能，幫助各地方言俗語輕鬆地擁有進出散文的許可證。

戲劇的腳本——劇本，是一種側重以人物臺詞為手段，集中反映矛盾衝突的文學體裁。它濃縮性地反映現實生活、以人物臺詞推進戲劇動作，這一點，也讓戲劇把鮮活在人物嘴唇上的活語「出場」創造了條件。事實上，從傳統的戲曲始，到現代偏於一隅的戲劇，一般流行在某一地域，在語言傾向上基本上是以方言為主。現代文明戲、話劇、活報劇等品種，基本上沿此路數發展；另一方面，當地看戲的觀眾，對我們今天褒獎有加的「普通話」反

〔註41〕周作人：《志摩紀念》，《新月》四卷一期，1932 年 1 月。

而聽不懂。「戲劇中的方言劇雖然不能傳播到較大的區域去，但是對於觀眾是特別親切些，舊戲中的地方戲特別受民眾的歡迎，也就是語言親切的緣故。有些國語劇不但南方人不感到親切，就是北方的下層民眾，恐怕也不感到親切，因爲使用著高級語言作近乎哲理的談話，這只有知識分子能瞭解。如果要使戲劇深入民眾，國語劇應當使用通俗的語言，方言劇更是值得提倡的。」〔註42〕試以上海爲例，新劇最初在上海演出時，本地居民對普通話是陌生的，後來浙江、江蘇、廣東、山東等地移民遷入，他們也都是操原先本地的語言，其家鄉小戲也在滬上小範圍內流行。隨著城市現代化歷史進程的推進，五方雜處日久，上海自然產生了瞿秋白所肯定的無產階級的普通話。〔註43〕在舞臺人物塑造上，人物說話或者是多重方言混合進行，或者是單一方言自始至終，有戲劇研究者曾發現在新劇進行民族化嘗試時：「最大的改變是方言的運用，例如軍官警官都說山東話，闊太太交際花都說蘇州話，洋行買辦和翻譯都說廣東話，大老闆大商販都說寧波話，師爺文書算命先先都說紹興話，理髮師黃包車夫都說揚州話等等。」〔註44〕延至四十年代，全國各地使用方言創作、演出的活動仍在進行，如全國範圍內用四川方言寫作、演出的《抓壯丁》、《啷格辦》等就是。筆者在查閱曾經以蘇州話譯《詩經》和創作方言詩文的倪海曙的資料時，也發現有典型的例子，1940 年前後的上海，生於上海的倪海曙在華光戲劇學校教「方言劇」，用上海話演出《黃昏》，還由上海劇藝社演出了夏衍原著、倪海曙用上海話改寫的《上海屋檐下》，接著上海的一些報刊展開了方言劇的討論。多數意見認爲，用方言演話劇在當時上海大多數群眾聽不懂普通話的情況下是話劇大眾化的有效手段之一。〔註45〕從這些例子，可以從側面反映齣戲劇與方言的親緣關係。〔註46〕又如秧歌劇，「更大

〔註42〕伯韓：《方言的使用和研究》，《文化雜誌》2 卷 3 號，1942 年 4 月。

〔註43〕瞿秋白認爲「無產階級在五方雜處的大都市裏面，在現代化工廠裏面，他的言語事實上已經在產生一種中國的普通話（不是官僚的所謂國語）！容納許多地方的土話，消磨各種土話的偏僻性質，並且接受外國的字眼，創造著現代科學藝術以及政治的新的術語⋯⋯是根據於中國人口頭上說話的文法習慣的。」見《大眾文藝的問題》，《瞿秋白文集》（文學編第三卷），北京：人民文學出版社，1989 年版，第 16～17 頁。

〔註44〕蔣星煜：《話劇的民族化與方言問題》，《齊魯學刊》1998 年 3 期。

〔註45〕參見葉籟士：《倪海曙年譜》，《倪海曙語文論集》，上海：上海教育出版社，1991 年版，第 516～517 頁。

〔註46〕還可參見劉進才：《從「文學的國語」到方言創作》，《文學評論》2006 年 4 期。

的困難是語言。秧歌劇都是寫老百姓的事，而又是以方言演出的，語言成了一個首先需要解決的問題。採用方言是絕對必要的，我以爲以邊區老百姓生活爲題材的秧歌隊必須用方言寫和演，同樣題材的話劇也必須如此。方言劇是值得提倡的，青年劇院演出的話劇《抓壯丁》，一個寫得很成功的諷刺劇，就是用四川方言寫和演的，收到了很好的演出上的效果。」〔註 47〕這樣的論述，在戲劇文體內部也較爲常見。

與以上三類文體不同的是，詩歌大概是對方言「消化不良」型的文體了。它篇幅短小、富於韻律、長於抒情，語言又高度凝煉、簡潔，富有彈性。所以在一般人心目中，詩歌是最爲講究語言藝術的文體。從傳統詩話評價傾向來看，評說者一般對方言入詩採取反對、抵毀的態度，有拗口、不妥之嫌。然而白話新詩本身以白話爲語言基礎，白話與方言在語言的基座上有內在的聯繫，白話新詩對方言也有自己的消化系統。因此，雖然沒有小說等文體大量吞納方言的氣魄與能力，但方言與現代詩的不解之緣，也並沒有斷流過，祇是一般居於潛流地位而已。自胡適嘗試白話詩以來，籠統地包括方言化在內的「口語化」傾向一直左右著現代詩的發生、發展；另一方面，自劉半農力挺方言入詩並拿出《瓦釜集》、《揚鞭集》中數目不少的方言詩以來，方言入詩一路絡繹不絕，較爲純粹的方言詩也絕非罕見。

方言入詩在文體優劣上究竟如何判斷，方言詩在方言文學中到底有何地位可言？相信尋求共同的答案已無可能，而做出符合實際的回答，則顯得必要而迫切。

三

相比之下，方言入詩與方言入文，本質上不能全部歸結爲文體優劣，我們不能完全根據進入不同文體的難易、方式、多寡來作判斷。方言入詩，從源頭上看，《詩經》、《楚辭》中，其中就有不少篇什是當時的地域方言詩篇，另外的詩作裏方言成分及地域特色也不少，但後來這一事實被歷史有意無意地遮蔽了。隨著文言在漢代以後逐漸與口語脫節，大一統的封建統治方式，唇齒相依地鞏固著文言的正宗地位，致使口語進入詩歌的途經越來越狹小、崎嶇。白話詩歌的語言觀念恰恰相反，詩的生命是白話所給予的，因此在語

〔註 47〕 周揚：《表現新的群眾的時代——看了春節秧歌以後》，《周揚文集》（第一卷），
北京：人民文學出版社，1984 年版，第 448 頁。

言取向上，與口語一道前行的白話應當一直成爲現代詩最主要的語言資源。沿此方向，任何活的、流動的口頭文學，譬如民謠、兒歌、說唱文藝等，都推動著現代詩語言、體式的流變。古典詩歌拒絕了這一聯繫，結果是朝僵化、凝滯、呆板的窄路上走，雖然它被拖著走了一千年之久。另外一層，現代詩總是會變化的，但它只可能朝新穎的、未知的方向流動，即使有短暫的復古、倒退，也阻止不了這一歷史趨勢。同時，我們無法預言將來的詩歌會怎樣變化，會變成什麼模樣，但生活本身的變遷與口語的變遷並行不悖，口語就會內在地裏挾著精神世界的變革，這是歷史的潛在規律。

　　另一方面，承認以上這一基點並不以抹平文體優劣爲代價。客觀而言，不同文體對方言的調用、提取、支配能力是有差異的。爲方便計，這裏縮小到四川方言與現代小說、詩歌的關係來闡述。現代四川小說獨具魅力的原因之一，可歸結到四川作家對本地方言土語的青睞與採用。有論者稱「四川話和北京話一起成爲中國現代文學裏最有影響力的兩大地方性語言」、把四川現代作家對方言土語的運用「看作是對四川文學傳統的又一次創造性轉化」。〔註48〕炮製方言土語大體上標誌著文人話語體系的基本成型，正是在 30 年代以後，操京白的老舍走向了他的成熟，操四川土語的幾位四川作家如沙汀、李劼人、艾蕪、周文、王餘杞、羅淑等也先後在民國文壇上確立了自己的地位，另外巴金等川籍作家的作品中也程度不一地摻雜著四川方言。具體如沙汀的《丁跛公》、《淘金記》，李劼人的《死水微瀾》，羅淑的《劉嫂》，周文的《煙苗季》，王餘杞的《自流井》，以及艾蕪以《山峽中》等爲代表的《南行記》系列小說，在運用土語塑造人物上可以說是傾其所有。現代四川這些作家都是講述大量的四川下層群眾或基層實力派的生活，這些川人沒有太多的曲折委婉，談吐粗野率直，不講忌諱，沒有禁區。其次，方言本身是一種地域文化現象，川語作家展示的是巴蜀地域文化風貌，川籍作家或在自我聯想中自由取譬，將抽象的意義轉化爲生動具體的物象活動，粗野率眞、重言子傳達語義，帶有初民文化特點。即使這樣，川籍作家在調用方言時，一般還是遵循把方言安插在道白、對話中，而不是敘述等陳述中；也注重對方言辭彙的解釋，如沙汀小說中在它出現前後有提示性短句，王餘杞的《自流井》則集中在一章後面以注釋方式注明，李劼人則在他的小說裏留下關於方言的種種

〔註48〕李怡：《從文化的角度看現代四川文學中的方言》，《西南民族學院學報》1998年 2 期。

探討和解釋，有的小說的注釋簡直密密麻麻，不可勝數，這些注釋或注音、或釋意、或溯源；或考證，或造字，體現出對民俗、方言的良好素養。

　　四川方言與現代詩，雖然沒有小說上那麼惹眼、鮮明，但也是較多的，自康白情、郭沫若等詩人把川語帶入白話詩後，一直有詩人緊跟，如曹葆華、何其芳、方敬、沙鷗、以及不甚知名的野谷、老粗等詩人，其中有些詩人在上編中集中論述過，這裡就不重複了。這裡僅以何其芳為例略為補充，同時換一個角度即從地域文化角度來重審何其芳與地域文化之關係。出生於川東夔門附近一帶山城中（今重慶萬州）的何其芳，整個童年與少年時期除 8 歲那年與弟弟在母親的庇護下離開家鄉出川去湖北避難三年外，在日常起居上呼吸著封建守舊大家庭的污濁空氣。一直到 17 歲那年，在讀了總共二年的新式學校後，何其芳反抗父輩、家庭所安排的道路而負氣出走，與幾位同鄉好友東出夔門，先後赴上海、北平求學。從此，一生中不知多少次在行動與心靈上先後出蜀、還鄉，成為一個帶有標誌性的文化符號。

　　「我從童時翻讀著那小樓上的木箱裏的書籍以來便墜入了文字魔障。我喜歡那種錘煉，那種彩色的配合，那種鏡花水月。我喜歡讀一些唐人的絕句。那譬如一微笑，一揮手，縱然表達著意思但我欣賞的卻是姿態。」「我從陳舊的詩文裡選擇著一些可以重新燃燒的字。使用著一些可以引起新的聯想的典故。」〔註49〕按照自己的心性，何其芳像個文化偏食的小孩，從小沉溺在古典詩詞中，逐漸尋覓到傳統文化中陰柔靡麗、講究形式的分支系統中去了。就在此時，不衹是方言而更多的是伴隨著方言精神的地域文化質素，通過顯性或隱性渠道潛移默化地滲透進他的思維方式與藝術觀念，日後夢中道路的徘徊、「夜歌」式的詠歎便是一種呈現。這種文化的滲透與傳承體現在以下幾點：首先，三峽地區是長江上游的巴渝詩歌文化大區，從考古發現的遺迹分析最早就是原始人類棲居之所，以奉節等地為中心，古代巴人就在那裡勞作生息，世世代代用下里巴人的民歌來「勞者歌其事」，大抵因自然地貌方面多高山大江，閉塞、險惡，故民俗淳樸而尚武好勇之風頗盛。「山地山險水灘，人多戇勇……縣邑阿黨，鬥訟必死。無蠶桑，少文學。」〔註50〕其次、巴渝及西南是當時閉塞、蠻夷之地，

〔註49〕何其芳：《夢中道路》，《何其芳全集・一》，藍棣之主編：《何其芳全集》，石家莊：河北人民出版社，2000 年版，第 191～192 頁。
〔註50〕《華陽國志》卷一《巴志》，見〔晉〕常璩撰、劉琳校注：《華陽國志校注》，成都：巴蜀書社，1984 年版，第 83 頁。

歷來是被貶官員的流放地或必經之處，有很深的貶謫文化傳統。如唐朝詩人李白、杜甫、顧況、李涉、張籍、白居易、劉禹錫，宋代的蘇轍、黃庭堅、范成大、陸游等人，或被貶或爲客，出蜀入蜀之間皆留下了不少相關的詩篇。被貶之人，帶來兩種東西：一是自身的難以排遣的委屈與牢騷滿腹的不滿，二是作爲一個文化人所攜帶的人文素養。無數的文人騷客，或借山川之力以排遣內心失意與寂寞，撫慰心靈之痛，或感山川之靈激發才氣豪情、怡養性情。因此，山地勞動民歌的艱辛、貶謫文化的哀怨成爲巴渝文化傳統的一大支脈。對照何其芳的自述，這種支脈精神的傳遞應在情理之中。

與此同時，立足於川西山地和成都平原地區的西蜀，自古以來便以「沃野千里」、「人富粟多」而著稱，農耕文明的發達，地大物博的自足，滋養了重精美形式、色彩鮮豔的藝術品，如青銅器物、漆器蜀錦，也滋養了杜鵑啼血之類的神話原型與講究形式、詞風獨特的詩詞曲賦。其中，哀婉、凄迷的原型也作爲文化的有機部分，沈澱在蜀人的記憶中成爲無意識，不管隔多久，這一切都會有歷史的承襲者與開掘人，這種地域文化特色浮現在何其芳作品中，營造類似的氛圍與格調，即是跨越時空的偶然，也是承襲規律下的必然。總而言之，無論在行動上，還是精神上，生活在巴蜀的何其芳，經常面臨著一個身體與心靈出蜀與還鄉的問題。他適應、接納巴蜀文化的某種滋養，就會在特定時期保持著某種默契與聯繫，溝通與對話。下面主要就何其芳帶有商標性質的作品——《預言》略作闡述。這些作品字句之雕琢，情感之纖弱，風格之穠豔，都較爲典型。我認爲，從受巴蜀文化影響的角度來看，具體受巴地貶謫文化與民間竹枝詞影響，尤其受西蜀花間詞風影響甚大。竹枝詞既受到巴渝貶謫文化影響，又一起推動著地域文化特徵的生長。它發源於巴渝民間，《華陽國志·補志》「巴渠縣」條載：「其民俗聚會則擊鼓，踏木牙，唱竹枝歌以爲樂。」西晉左思《魏都賦》云「明發而耀歌。」由此可見在當地流傳、生長之一斑。此外，被貶士大夫對竹枝詞走向文人化，走出夔門都有所貢獻。但肯定的是，其中大多數詩篇的藝術精神難免歸於傷感悵惘、悲情寡歡一路。如杜甫長期流落巴蜀，在夔州一帶作詩四百餘首，其中回憶往昔、感時傷懷之作占相當大的比例，《秋興八首》、《詠懷古迹五首》、《登高》便是其中的代表作。其次，就晚唐西蜀的「花間詞」而言，它是五代時後蜀趙崇祚選錄溫庭筠、韋莊等十八家詞爲《花間集》而得名，其中溫韋爲流落巴蜀詞人，其餘絕大部分爲西蜀本地文人，其詞風大體相近：詞藻華豔、字句雕

琢、題材較爲狹窄。正如歐陽炯在《花間集敘》中所說:「不無清絕之詞,用助嬌嬈之態。自南朝之宮體,扇北里之娟風。何止言之不文,所謂秀而不實。」〔註 51〕西蜀文人或溺於錯彩鏤金、錦羅繡衾的閨閣,或浸於優裕閒適、佳人陪侍的美食生活。信筆所至,大多是佳景難再、人生苦短的傷時懷人,芳草美人、兩性歡愉的情愛追求,及時行樂、觥籌交錯的世俗生活。這一切似乎離現實很遠,但在物化的器物與文本載體上仍鮮活如初。「這時我讀著晚唐五代時期的那些精緻的冶豔的詩詞,蠱惑於那種憔悴的紅顏上的嫵媚」。〔註 52〕從貶謫文化的命運關懷到晚唐五代冶豔之詞的蠱惑,何其芳爲讀者敞開了進入《預言》的門徑。第一,從詞藻的選擇與安排來看,何其芳對詞語的錘煉與把玩是相當認眞、苛刻的,相比於他當時寫作散文時幾乎每一個字都經過其精神手指的撫摩還更甚。例如描寫愛情的詩句「北方的愛情是警醒著的,╱而且有輕趫的殘忍的腳步。」中對腳步的形容,用「美麗」來修飾「日子、夭亡」,以及林葉和夜風的「私語」、麋鹿「馳過苔徑的細碎」的蹄聲,諸如此類,在全集中俯拾即是。在詞語排列上可以看出,作者通過通感、摹擬、比喻等手法達到詩意的飽滿與新穎。此外對詞語在句子中的地方色彩、聲音、圖案格外關注,鮮豔奪目得很,彷彿在編織蜀錦一樣。第二、從意象的設置與來源來看,不用說「夢過綠藤緣進你窗裏,╱金色的小花墜落到你髮上」、「琉璃似的梧桐葉,流到積霜的瓦上」、「飛在朦朧的樹陰」中的「螢火蟲」等與南方地貌相關的自然意象,也不用說少女妝臺間的「鏡子」、襟上留著荷香的「羅衫」等日常之物,單是筆下不同的南方女性人物意象,就炫目得很。如:「我將忘記快樂的是冰與雪的冬天,╱永遠不信你甜蜜的聲音是欺騙」的眉眉(《羅衫》),「你有美麗得使你憂愁的日子,╱你有更美麗的夭亡」的小玲玲(《花環》),《希冀》中薇薇,以及無所不在的第二人稱的「你」,這些女性人物,無名多於有名,神韻多於描摹,既有古典式香消玉殞的哀歎,又有現代意義上的童年玩伴的回眸。同時,在描寫內容上差不多來了一個全角度描摹與透視,如「明珠似的」、「甜蜜」的聲音、「淺油黑」的膚色,流滴著涼滑的幽芬的「鬢髮」,「沈默的朱唇」……大多較爲素淡,但容光煥發,這些

〔註 51〕 引自趙崇祚輯、李一泯校:《花間集校》,北京:人民文學出版社,1981 年版,第 1 頁。

〔註 52〕 何其芳:《夢中道路》,《何其芳全集・一》,藍棣之主編:《何其芳全集》,石家莊:河北人民出版社,2000 年版,第 189 頁。

人物意象，像花間詞人筆下的古代女子一樣，無不給人一種既嬌豔美麗，又嫵媚動人的美好印象，雖然在服飾之華貴、容貌之豔麗、體態之豐盈等方面並不強調。第三、從題材與聲韻來看，前者撇開遠逝的馬蹄，廢圮的城堞，低飛的鳥翅等情境，便可看到，愛情與青春宛如二重奏，是其中兩個永恒的主題；後者撇開古代詩詞的平仄對仗，也可在吟誦中感受到聲律的協調與和諧，整個讀來如一曲曲高低起伏、幽婉如訴的迷幻曲。

語言雕琢而華麗、格調精緻而穠豔、形式矯飾而完整，《預言》不但在詞語層面，而且在精神氣質層面也體現了作者對於巴渝竹枝詞風的偏離與對於西蜀文化的皈依。它們是陰性的、唯美的，是內斂的眞實與自覺的柔媚。

<h2 style="text-align:center">四</h2>

地域方言與現代詩乃至地域文化的關係帶有社會存在性。從古典文學到方言文學，從文體衝突到文體融合，方言入詩的通道似乎還應更爲寬闊。作爲人類最本眞的思維方式，按海德格爾的觀點看，方言也是存在之家。萬物均可入詩，更何況方言入詩，更何況承載方言因素從而呈現出獨特的地域文化風貌的一切存在。在我看來，它倒是檢驗語言流動、生長的一個標誌，是建構地域文化的有機部分。另外，值得反思的是，社會對文體的神秘感似乎還有待重新清理，傳統古典詩歌重雅言、輕白話的清規戒律，像早已過期的不平等條約的條款一樣，仍有重新擺在桌上討論的必要。

第三節　口語：現代白話詩的一個關鍵詞

整個白話詩語言工具的刷新——由文言而白話——與現代漢語的發生、發展、轉型是密不可分的。在從古代漢語到現代漢語這一漫長的變遷過程中，一個顯著的現象是強調言文合一這一「口語化」的呼聲不絕於耳。大致而言，自清末切音字運動始至上世紀初，王照、盧贛章、吳汝綸等一大批文字改革主張者有感於「言文分離」的苦狀，想讓漢字向拼音文字靠攏並成爲普及文化教育、溝通朝野的工具，便先後拋出「言文爲一」、「言文合一」或類似的主張，雖然步驟不一、方案有異，但目標大體一致。後來胡適繼續並改寫了這一歷史，從「白話入詩」、以白話爲文學唯一工具等主張出發，敏銳地意識到時代的巨變，站在前人思想資源之上，舉起並揮舞著文學革命大旗，最終

彙聚歷史的合力，推動言文合一向前流動。

　　但是，站在成功了的文學革命的身後來回看「言文合一」，問題仍然存在，怎樣看待言文合一，言文合一在五四一代學人手中抵達到了哪一步，其實際情況與當初黃遵憲等人所說的「我手寫我口」這一理想圖景拉開了多遠的距離？這些問題答案本身與問題距離之遠，足以驚覺當初的提倡者們。後來雖然也有一些努力，如30年代瞿秋白竭力把五四以來爭取到的白話文喻之爲非驢非馬的東西，但連他自己的文章也無法擺脫這一點，更何況私下承認祇是一個策略。〔註53〕三十年代的大眾語運動提倡「大眾說得出、聽得懂，看得明白的語言文字」，〔註54〕但最終也不了了之。因爲他們所指的大眾，指的是「國民的主體」，即占全民百分之八十以上的農民，以及手工業者，新式產業工人，店員，小商人，小販等等。這一龐大的群體，正是他們不得不面臨的現實障礙，也不是他們一朝一夕所能改變得了的。因此，雖然根據時代變化提出了比白話更進一步的大眾語、國語、普通話等等標籤式的目標，但都無法實行完全「言文合一」這一理想，它似乎成了一個審美烏托邦。

　　目標雖然沒有實現，但在現代漢語逐漸成熟、定型之後，倒產生了口語與書面語這兩個對立而又統一的概念。自然而然，對「言文合一」本身的關注與討論，便部分地轉移到了作爲關鍵詞的「口語」概念上。也許是由於這一傳承關係，「口語」時時成爲文學研究領域一個眾說紛紜的命題，具體到白話詩而言，在詩人與現代詩評論者眼裏和筆下，「口語」更是一個頻率極高、應用最廣但又極其含混的語彙（前述各章不少地方也用過此概念）。

一

　　「口語」一方面是被廣泛地應用，另一方面是在習焉不察中掩蓋著一系列的疑問。「口語」的外延與內涵到底怎樣限定？如何辨析並把握口語以及相關概念如口語寫作、口語化？口語有何本質特徵，它對不同時期現代白話詩發展、轉化、變遷的推動意義如何？等等，這一切相當複雜。本節將圍繞這

〔註53〕瞿秋白發表這番意見後，茅盾曾私自問他，是否眞的認爲「五四」以後十二年來的新文學一無可取時，瞿秋白回答「不用猛烈的瀉藥，大眾化這口號就喊不響呀！」爲了要給大眾化這口號打出一條路來，就不惜矯枉過正。見茅盾：《瞿秋白在文學上的貢獻──瞿秋白逝世十四周年紀念》，《茅盾全集》（第24卷），北京：人民文學出版社，1996年版，第36頁。

〔註54〕陳子展：《文言──白話──大眾語》，《申報・自由談》，1934年6月18日。

些較爲關鍵的問題，一一加以分析。

何謂口語？它給人的直覺便是不同主體觸及到的「口語」這一概念往往
具有模糊性、歧義性。歷史地看，「口語」，作爲一個辭彙面目出現，已不可
考，《漢書・司馬遷傳》與《漢書・楊惲傳》中分別出現過這樣的句子「僕以
口語，遇遭此禍」、「遭遇變故，橫被口語」，其含意指言論或議論，後者還特
指譭謗的話。顯然這一含義在今天已相當遙遠、陌生了。當下它作爲詞條，
在語言學裏的定義是：「也叫『口頭語』。口頭上交際使用的語言。與書面語
相對。是書面語產生和發展的基礎和源泉。一般地說，它比書面語靈活簡短，
但不及書面語完密嚴謹，而且可能帶有方言特徵。當某種語言的文字產生以
後，口語和書面語相互影響、轉化而共同存在、共同發展。」〔註55〕這一定
義強調的是與書面語相對、互動的性質，並通過比較來予以呈現。從方言角
度看，它對口語的方言特徵也用了限定詞「可能帶有」。事實上，口語帶有方
言特徵，已不是可不可能的問題，而幾乎是與生俱來、暗暗潛藏著的。同時，
如果單純只與書面語相對，那麼白話詩中的口語寫作、口語化等，便成了一
種難以辨析的悖論：反正界限定格在是否寫出這一點上，寫出來的是書面語，
說出來的是口語，即使是口語化，也是在書面語範圍、基礎上的東西；寫成
口語化了，也不可能等於說話的「錄音」，以通俗上口、一聽就懂等爲尺規來
看，它也只和口頭的說話接近，即寫出來的與說話說出來的差不多而已。此
外還因受教育、交際對象、語言天賦、說話方式等因素導致差異性而呈現出
千人千「口」現象。因此，想通過一個概念或術語來強求統一，指導一切，
似乎效果也並不特別理想。這裡換個簡潔的個人化說法，口語就是帶有方言
成分、與書面語並行的口頭話語。與此相關並派生而出的則還可以牽出一大
串，如口語化、口語性、活語等。從古至今，口語總是鮮活在具體個體的嘴
唇上，流動不居而又活力十足的，它以聲音爲中心，帶有聲音中心主義意味，
由聲音而文字符號，在天地萬物間存在。

與此相關的問題也接踵而來，作爲活文學的工具與源泉，「口語」中方言
成分又如何取捨，方言與活語、活文學重疊到什麼程度，並在其中到底佔據
一個怎樣的地位呢？我認爲這些一衣帶水式的小問題也不容忽視。

文學的死活，其基礎是文字的死活，照我看來，說得直接一點就是聲音

〔註55〕夏徵農主編：《大辭海・語言學卷》，上海：上海辭書出版社，2003年版，第
　　　　4頁。

的死活。人們口頭上說的聽的語言，追隨歷史潮流向前推進，而代表死文學的文言，還在原地躺著未動。這一事實由來已久，直到胡適等人予以揭露出來。在「中國文學史上，改文言爲白話，已是盤古以來一個大奇談，何況方言，何侃俚調！」〔註 56〕的語境下，胡適審時度勢，最初還只拈出白話大作文章，以「白話入詩」的可行性與可能性爲中心議題相號召。「五四」前夕的文學革命，是「革文言的命」的文學運動，革命之帆剛剛揚起之際，口語、方言等字眼還絕少出現，「今語」、「俚語」、「俗語」等在梁啓超論述詩界革命、文界革命時所用的術語，同樣被胡適、陳獨秀、劉半農、錢玄同、魯迅、周作人等人在當時拿來作爲武器。這裡僅縮小到以胡適爲例來略作闡述。胡適早在他自述的 1915 年至 1916 年與一幫朋友討論白話入詩的前夕，便有相關的大量的英漢白話詩文互譯活動，用詞也祇是「極自然之語、俗語、俚語」等相關詞語來概括指稱，這些詞與「口語」大致相近，有時替換一下也無妨。在胡適後來出版的留學日記裏，詳細記載著他與任叔永、梅光迪、朱經農等朋友唇槍舌劍或頻頻書信往來等筆戰、討論的全過程，胡適日後自詡的「死文字與活文字、死文學與活文學」等概念在這種激烈爭執中慢慢成熟，——即斷定文言已是已死或半死之文字，今日之白話是一種活的語言。〔註 57〕這一斷定無疑具有積極的意義，一「死」一「活」，自然讓現代人「求」活而「避」死。正因如此，他把自己近來作詩頗同說話自謂爲進境，認爲文學史幾次詩體大解放都是朝「活語、俚語」方向走，大膽歸納出「文學革命，至元代而登峰造極。其時，詞也，曲也，劇本也，小說也，皆第一流之文學，而皆以俚語爲之。其時吾國眞可謂有一種『活文學』出世。」〔註 58〕自胡適始，當今文學走哪一條路，怎樣走，形象地演變成了「活」的誘惑與「死」的糾纏。

後來，胡適把在國外略成規模的試驗田搬到了國內《新青年》等雜誌上，白話入詩幾經周折，「活文學」自身的本質力量，加上人事的扶助，終於在死

〔註 56〕劉復：《瓦釜集代自敘》，《語絲》周刊第 75 期，1926 年 4 月 19 日（但作於英國倫敦，1921 年）。

〔註 57〕胡適在堅持「今日之白話是一種活的語言」後，有以下幾個標準：「今日所需，乃是一種可讀、可聽、可歌、可講、可記的言語。要讀書不須口譯，演說不須筆譯，要施諸講壇舞臺而皆可，誦之村嫗婦孺而皆懂。不知此者，非活的言語也」。見胡適：《留學日記‧卷十三》，胡適著、季羨林主編：《胡適全集》（第 28 卷），合肥：安徽教育出版社，2003 年版，第 393 頁。

〔註 58〕胡適：《留學日記‧卷十二》，胡適著、季羨林主編：《胡適全集》（第 28 卷），合肥：安徽教育出版社，2003 年版，第 337 頁。

文學這一故紙堆裏找到位置。其中，胡適個人歷史地劃分了文言與白話，死文字、文學與活文字、文學的分水嶺，應是帶有階段性特徵的標誌。今天看來，胡適對文字與文學的「死活」觀，在反對文學革命的保守派人士乃至同一陣營中一部分人苛刻的眼光看來，不論是立論的角度還是論證的邏輯方面，有簡單、淺薄、粗疏之嫌，如果從中拈出幾點提出商榷、反對的意見也是很容易的。但站在當時的語境來看，連白話也得不到支持與認同的背景下，胡適這樣立論體現了普遍意義上的講求策略、致敵於絕地的戰略性眼光，又有筆走偏鋒、引導大眾的考慮。

　　與此同時，當白話文運動還在進行攻堅戰時，胡適把目光時不時地在白話與方言之間來回逡巡，對以方言爲基礎的方言文學頗爲重視，鞏固了兩者的聯結。他是這樣道出個中原因的：「方言未嘗不可入文。如江蘇人說『像煞有介事』五字，我所知各種方言中竟無一語可表出這個意思。這五個字將來便有入國語的價值，便有入文學的價值。並且將來國語文學興起之後，盡可以有『方言的文學』。」〔註59〕胡適在提文學的國語、國語的文學時，因方言文學還不是問題的焦點，方言在很多方面也難和白話比肩，所以不便也不必多談，直到數年之後他才打消疑慮，如他在給顧頡剛所編的《吳歌甲集》作序時便直言不諱地承認：當時因不願驚駭一班提倡國語文學的人，所以在說上述那段話時，很小心地加上幾句限制的話，如「將來國語文學興起之後」，如「國語的文學造成之後，有了標準」等話，而「在現在看來，都用不著了。」從文學的廣義著想，不能不倚靠方言，即使從國語文學設想，「老實說罷，國語不過是最優勝的一種方言；今日的國語文學在多少年前都不過是方言的文學。正因爲當時的人肯用方言作文學，敢用方言作文學，所以一千多年之中積下了不少的活文學，其中那最有普遍性的部分遂被公認爲國語文學的基礎。」〔註60〕最明白的是，胡適在文中說徐志摩的硤石土白詩《一條金色的光痕》是「眞正白話」、「眞正活的語言」。〔註61〕這一闡釋與胡適 1917 年作「白話解」，釋白話之義時的理解一脈相承。也許是時代變得太快，白話文運

〔註59〕胡適：《答黃覺僧君〈折衷的文學革新論〉》，姜義華主編、沈寂編：《胡適學術文集·新文學運動》，北京：中華書局，1993 年版，第 70～71 頁。

〔註60〕胡適：《〈吳歌甲集〉序》，姜義華主編、沈寂編：《胡適學術文集·新文學運動》，北京：中華書局，1993 年版，第 497 頁。

〔註61〕胡適：《〈吳歌甲集〉序》，姜義華主編、沈寂編：《胡適學術文集·新文學運動》，北京：中華書局，1993 年版，第 498 頁。

動進展之迅捷與順利也出乎胡適意料之外等緣故，讓胡適根據白話文自身發展的客觀情況，遊刃有餘地在「白話」、「活語」、「方言俚語」之間進行自由轉換與替代。換言之，白話與文言之間是活語與死語之別，再進一層，白話中的方言土語則是活語中的活語，是眞正活的白話，即使不具有普遍性，但說方言是活語是毫無疑問的，這一思維與邏輯，或隱或現地彰顯了方言之於文言乃至白話的地位與價値。

　　與胡適幾乎不用「口語」但處處可以以「口語」來替換相比，「口語」與「白話」、「大白話」等概念在同時代人或後來者如周作人、朱自清、俞平伯、梁實秋、老舍、趙元任等人眼中是等量齊觀的，並開始向詩歌、散文、小說、戲劇、語法專著等各個方向滲透、流行出去。現就剛剛提及到的幾人各舉例證之，譬如，周作人在爲得意弟子的著作紹介時說，「以口語爲基本，再加上歐化語，古文，方言等份子，雜糅調和，適宜地或吝嗇地安排起來，有知識與趣味的兩重的統制，才可以造出有雅致的俗語文來。」〔註62〕朱自清則在對白話詩的時評中，喜歡嵌入「口語、口語化、或「純粹口語」一詞予以強調。〔註63〕俞平伯於 1923 年在追認白話詩時稱「自從用口語入詩以來，已有五六年的歷史」。〔註64〕梁實秋認爲白話詩中「白話就是我們口頭說的話。」〔註65〕主要以小說著稱的老舍直接指出，「大白話是咱們嘴裏的活言語。大白話就是口語」，〔註66〕自己用北平話寫小說時，總是力求燒出白話裏的味兒來。趙元任在著《漢語口語語法》一書時直接認定『『漢語口語』指的是二十世紀中葉的北京方言，用非正式發言的那種風格說出來的。」「比之於把北京方言稱爲漢語口語，有更充分理由把北京方言的語法稱爲漢語口語語法。」〔註67〕顯然，不同領域學者在調用「口語」時都是各

〔註62〕周作人：《〈燕知草〉跋》，楊揚編：《周作人批評文集》，珠海：珠海出版社，1998 年版，239 頁。

〔註63〕較爲集中的論述，可具體參見朱自清：《論白話》、《論朗讀》、《誦讀教學》、《詩與話》、《國語與普通話》等文，均見《朱自清全集》第一至四卷，南京：江蘇教育出版社，1996 年版。

〔註64〕俞平伯：《讀〈毀滅〉》，《俞平伯全集》（第 3 卷），石家莊：花山文藝出版社，1997 年版，第 565 頁。

〔註65〕梁實秋：《文學講話》，見徐靜波編：《梁實秋批評文集》，珠海：珠海出版社，1998 年版，第 227 頁。

〔註66〕老舍：《和工人同志們談寫作·怎樣運用口語》，《老舍文集》（第 16 卷），北京：人民文學出版社，1991 年版，第 8 頁。

〔註67〕趙元任：《漢語口語語法》，呂叔湘譯，見《呂叔湘文集》（第 18 卷），瀋陽：

取所需，爲立論、言說的方便考慮，其前提是因爲前人已把道路清理乾淨了。至於在他們之後，直到今天的論者們接著說時，「口語」及其衍生的「口語化」等概念，則成爲了一個脫口而出的日常辭彙，甚至於到了濫用的地步。其濫用的標誌就是隨意指證某某詩人在語言上的特點是口語化，這樣的例子太多，稍微翻翻相關的專著或鑒賞現代詩歌一類的辭典時，均可大量找到，這裡恕不例舉了。

　　總而言之，口語、活語、方言土語等概念之間有著異常緊密的聯繫，作爲帶有方言成分的口頭語，口語或口語入詩在現代詩創作中連帶並滲透著方言入詩的因素。所在，口語入詩，或方言入詩，它們在整個現代白話詩創作過程中普遍存在，雖然在大多數場合，「口語入詩」一般代替著「方言入詩」出場，人們願意肯定前者而忽略後者。

二

　　在術語互換中，摻雜各地方言成分的口語，攜帶著方言的力量，贏得了獨立的地位，在白話詩中應用也相當廣泛。作爲一種最初最本眞的語言，口語入詩的詩創作，不但跳躍著方言的語音、辭彙，還呈現出反映不同地域特徵的語法結構。但它有何本質特徵供人辨析與捕捉？在它背後，口語入詩如何推動現代詩的流變？這裡結合這兩個問題接著論述。

　　不同的口語觀，或不同的介入角度，衍生出的口語特徵差異很大。總的來看，在現代詩中，口語的不同層次性最爲突出。大致有兩個大的類別：一是以群眾語言爲基質的口語觀，它因靠近民眾的嘴唇而具有濃鬱的方言性；一種是知識份子的口語觀，如以艾青和穆旦爲代表的知識份子口語觀，他們因自身豐厚的知識背景與知識儲備，影響口語的成分，所以名爲口語，實際帶有更多書面語性質，而且兩者之間內部也差別較大，可以細分爲兩種小類型（關於這方面較爲詳細的論述，參見第三章第一節相關內容）。從口語與活語、方言成分相參差的角度來審視的話，除了上述不同知識背景的知識份子所具有的階層性外，口語主要的特點似乎可以歸納爲以下幾點，即方言性、流動性、混融性。先來看口語的方言性。眾所周知，方言是在人類歷史發展過程中，因地理、民族、社會方面的因素，或語言自身發展不平衡，不同語

遼寧教育出版社，2002 年版，第 16～17 頁。

言之間接觸影響等原因造成的，它發生發展的歷史不以人的意志爲轉移。事實上，同源異流的同一民族語言，被劃割於不同的地域，在各地人們的日常生活中充當交際工具，代代相傳，形象地說，是一方水土養一方人，一方人共一方「話」，與此同時，人們在說話時也創作，產生豐富深厚的口頭文學，如各地的大鼓詞、山歌、小調、兒歌、童話、花兒等民間文學。直到今天，在推廣普通話的語境下，各地方言仍在各地人們嘴巴上流動，成了一個辨別籍貫、職業、階層、性格等諸方面的顯著標誌；各地特有的民間藝術形式，或在本地根深蒂固，或相互滲透、交錯影響，在土生土長中印證了自身生生不息的生命活力。這一切潛在地影響著從當地走向全國的詩人與評論者，在他們的話語結構中佔有一席之地：譬如，像胡適論白話詩時掛在嘴邊的「戲臺裏喝采」這一徽語說法一樣，《嘗試集》、《蕙的風》等詩集中掩不住的徽語腔調；《瓦釜集》、《冬夜》、《十年詩草》、《馬凡陀的山歌》、《解放山歌》等作品中擺不脫的吳儂軟語格調；《女神》、《草兒》、《化雪夜》等詩中不自覺流露出的川地鄉談；《王貴與李香香》、《王九訴苦》、《死不著》等敘事詩中自由流淌的西北信天遊腔調，都會內在地指歸到某一地域，與某一方言有千絲萬縷的聯繫。又如胡適、劉半農、沈尹默、聞一多、徐志摩等詩人因久居京城而在創作中時時半露著面的北京土白；瞿秋白、魯迅、袁水拍民謠體詩作中偶爾夾雜的上海方言；抗戰中廣東香港報刊雜誌如《華商報》、《中國詩壇》上的粵語詩歌……詩人們或錄自口頭，或活學活用，呈現出各地俚語方言在現代詩中此起彼伏的景觀。正是來自不同方言區的不同詩人，把豐富的各地語言烙在現代詩的字裏行間，使詩在語言層面上就能呈現出地域文化的異彩，諸如一地之民風、一時之風俗，也能窺見幾分。

其次，口語的流動性。口語的生命力，在於它唯一源頭便是不同生命個體的「嘴唇」，嘴裏的言語，跟著主體不斷「向前看」，在現實生活的推進中包孕著語言的流轉。譬如說話的對象、具體語境、心態情緒等不同，口裏說出的話都會因人因時因地而不同，如果說一代有一代之文學的話，也可以仿照說一句，一代人有一代人的口語，一時一地也有一時一地之口語。它流動不居、瞬息萬變，自然容易變得捉摸不透。五四時期，劉半農在國語建設討論中反對以京話爲國語，理由是這樣幾點：一是以京語爲準，不好選某一具體的地點方言；二是存在怎樣教、怎樣學的問題，因爲一個說得最圓熟的祇是一種語言——母語；三是言語是變動的，不是固定的，若採用京語爲國語，

京語本身變動了，別處總趕不完。〔註68〕語言之流正像電腦軟體的升級一樣，它時時逼著使用者升級，讓人「趕不完」，一生都走在路上。

另外一層，口語本身在流動中不定型、不僵化的質地，帶來句式構造的靈活性，不斷促生新的語義。在詩語一層，這一特點倒是暗暗吻合詩歌的語言方式，即對日常語言的顛覆與超越。帶來的好處是，一是反抗語言以經典化爲幌子的語言堆積，自動洗刷陳舊、矯情、裝飾、重複的酸腐腔調，使語言還原到及物見體的本原；二是在詩心自由中，主體體驗與現實生活相吞吐，個體尋思與尋言相纏繞，把詩歌寫作變成一種沒有規範、無所依傍、流動向前的個人化精神活動。這一點恐怕是詩歌不斷解放的關鍵原因之一。由初期白話詩而格律詩，由格律詩而自由體詩，由主情詩而主智性詩；或者由現代詩偏於說理寫實而轉到抒情反諷爲主，由散文敘事化而到強調戲劇性，可以說，現代詩詩體的重疊更替，虛詞語助詞的滲入補充，不同詩風詩路的生成，都在流動中推動著現代詩歌寫作向前走，不斷重臨梁宗岱所說的「分歧的十字路口」。這一切都是流動的口語在背後推動，口語的同盟者則是無處不在的方言元素。

混融性，是口語的又一個特徵。口語的容納能力相當顯著，在現代社會中，不同年齡、職業、性別、地位、教育背景的人都與它不可分割，方言／普通話對立視野下的生活用語／專業用語、大眾術語／行業術語、本地語／外來語，一切都是糾結著的。在這種糾結、混雜中，包涵著口語的消費，或是一次性的，或是可重複的。日常的情思與語言大多粗淺蕪雜，形成一種強大的慣性與牽引力。古人所稱道的「語不驚人死不休」、「吟安一個字、撚斷數莖鬚」之類的精神，從側面反映了提煉語言與情思之艱難。不重蹈前人的老路，抓住靈感火花的照射，詩人們偏重的是，在混沌一團的口語這一汪洋大海中來一次「個人化消費」，正因爲尋言過程中一瞬即逝，古代詩人準備了詩囊，民國現代詩人如聞一多、臧克家、何其芳、戴望舒、艾青、馮至等詩人也不乏苦吟推敲、十年磨劍的故事。另一方面，經不住歷史考驗的現代詩，則大多在語言層面上是重複性消費的，往往是量的積累而非質的飛躍。

因此，口語的混融性，使得萬物既可以入詩，也不盡然。這是一種辯證法，言其可以入詩，是指其資格而言；謂其不可以入詩，是針對入詩的過程而言。像大眾語運動中討論五四以來的白話文面臨一個洗練白話入文的問題

〔註68〕參見劉半農：《國語問題中一個大爭點》，《半農雜文》，石家莊：河北教育出版社，1994 年版，第 139～149 頁。

一樣，口語與白話詩也面臨這一難題。這裡僅舉方言成分的取捨、提煉為例。朱光潛在經典著作《詩論》中說，「但丁選定『土語』（the vulgar tongue）為詩，同時卻主張丟去『土語』的土性，取各地的『土語』放在一起『篩』過一遍，篩出最精純的一部分來另造一種『精煉的土語』（the illustrious vulgar）為做詩之用。」〔註69〕這一說法是深中肯綮的。因為各地的方言有些太冷僻，有些有音無字，有些祇是極小範圍內流行；另一方面，口語中的方言，具有蕪雜、豐富、原生態的質地，使得口語也帶有非詩性因素，比如它的囉嗦、斷續、駁雜、粗鄙等。對口語的警惕和剔除是必要的，吸收、調用口語的過程也同時在糾正、提升口語。其次，口語的交際功能與優勢地位，容易給人造成錯覺，它往往牽著詩人朝庸俗化、口水化的軌道滑行。這樣，口語化反而看不清楚，詩質反而稀薄起來。從口語與修辭角度來看，兩者之間有相互生發的一面，也有相互牽制的一面；口語受到修辭的限制，修辭也在分辨口語的混融特質。這一切，都注定口語、方言是基礎，是基座。從具體例證而言，李季的《王貴與李香香》是比較典範的，如對陝北信天遊的原生態借用、大量巧妙而細膩的糅合、冷僻方言成分的迴避、比興手法的改進，是既依傍口語而又有所超越的範例。

最後補充一下口語運用上的策略性現象，這不是口語本身的特點，但主體在運用它時變成了一個核心問題。口語附帶著某種策略，指的就是把它當作目標，去反擊強大的對手，從而提升自我。如果說前面三點還是口語本身所攜帶的話，這一點則是人為地附加上去的。作為策略性，也有幾方面的情況，一是它本身符合不同主體的需要，把龐大蕪雜的潛能釋放出來，起到意想不到的效果；二是它自己永遠處於發展、流動中，時時需要人去支配、帶有被動的一面，正因為這樣，方言、口語有足夠的能量，它需要的是引發、釋放。

三

口語、方言的優劣，以及兩者呈現的方式、消長的過程也是較為複雜多變的。相比之下，口語入詩在名義上可以說是名正言順，而方言入詩則一直飽受非議。雖然它們在相當程度上有重疊的成分，詩人們或詩評家在言及二者時，一般也很少作明確的辨析，但情感傾向基本是固定的，即偏於口語而

〔註69〕 朱光潛：《詩論》，上海：上海古籍出版社，2001年版，第82頁。

疏於方言。方言，從定義上看是某一地域的標誌，給人一種地方文藝的印象，而且這一印象始終沒有得到改善。從整個民國現代詩歌發展現狀來看，方言入詩雖也有人提及，但一般不予提倡，對方言湧進詩歌所設下的障礙是普遍的，因此方言詩在詩歌史上並不多見，即使有也是民間文藝工作者的仿傚之作，在整個純文學隊伍中，除胡適、劉半農、劉大白、徐志摩、聞一多、卞之琳、蒲風、艾青、沙鷗、李季、樓棲等詩人比較專業地從事或多或少的試驗之外，大多數詩人都是在無意識中攜帶了一些方言因素。但另一方面，幾乎沒有詩人為方言入詩而緊閉大門，橫加指責；不同時期的詩人儘管沒有具體言及到「方言入詩」之類的自我體認，但幾乎以走口語化的道路來容納方言因素的存在。所以口語的優勢正是方言的優勢，方言比一般人心目中的口語還更「口語」一些。在現代詩歌寫作實踐中，大量口語、俚俗語入詩成為詩人們抵抗僵化和拓展詩域、塑造人物與深入現實的有力手段，現代詩中的平民化、現時性、親切感等美學特徵，也由此而立。

其次，方言入詩呈現的方式是有規律可言的。大致情況是，它在敘事詩中常見而在抒情詩較少出現，在知識份子精英意識高漲時隱失而又在他們「向下看」的時候冒出來，在政治意識形態提倡偏於農工時大面積集中而在詩人們躲入象牙塔、與社會保持距離時逐步減少，在主觀精神高度集中時減少而又在主體精神鬆馳下加多。如以舉例方式來說，則在寫下層人物時較為普遍化，因為底層普通民眾的口語中方言佔據優勢，影響所至，五四白話詩中的車夫題材是較為常見的。詩中的車夫形象隊伍龐大、鮮明，詩人們創作這一類詩作時往往採取車夫們自身嘴巴上的語言即方言來仿傚，達到凸現其性格、深入其靈魂的目的。這一方面的佳作不少，如劉半農的《麵包與鹽》、《擬擬曲》，聞一多的《天安門》、《飛毛腿》，徐志摩的《誰知道》等等。像車夫題材一樣，以底層人物活動為對象的現代詩作品，一般有較豐富的方言存在。

第三，口語與方言的消長。方言提煉與去蕪存精化，是現代詩語言方式中不斷重臨的起點。強調口語與方言入詩的現象，只能像朱自清論述朗誦詩時強調它只具有獨立的地位而不是獨佔的地位一樣，過份強調與忽略都得不償失，偏於一端，不及其餘，都不是正確的態度。詩歌創作過程中，不同的詩人對活語、方言價值的理解存在偏差，口頭語與書面語都是語言資源，因此，書面語與口語的差異永遠有必要存在，只有置身兩者的差異性存在中，才能發現兩者的優劣性與互補性，在二者的調適、綜合、取捨中尋找新的語

言出口。方言大量、直接地通過口語，間接、少量地通過書面語進入到語言系統中去，也可以說是殊途同歸，口語與方言的消長，有規律地牽引現代詩的發展，使它不斷螺旋般地回到一個新的起點。如果被嘴唇上吐出的口水「化」得淹沒時，現代詩就會成爲順口溜式的倉庫，它需要的是書面語修辭如戲劇性因素，寓言性、象徵性手法，或深層隱喻與意象化來補救；如果鑽進了崇尚僵化、艱深晦澀的小路不能自拔時，引口語這一股清流彙注，自然也能起到疏瀹之效。口語、方言的消長，不祇是本身的消長，而是在消長中見證詩歌語言的流變。「方言是很有價值的文學工具，它的運用可以是精巧的，而不一定必得簡單搬用它的語彙；因爲，方言可以變化，並非一種固定的說話習慣，它能微妙地轉化爲口語，以反映妙趣橫生的思維。」〔註70〕

四

　　總而言之，口語是帶有方言成分的口頭語，集蕪雜矛盾與豐富多樣於一身，與生活平行、生長，聲音與意義之間也較爲穩定，它在現代白話詩發展中一以貫之，不斷豐富詩歌的語料，推動詩歌的發展。

　　帶有方言因素的口語，與文藝上的先鋒姿態永遠有緣，它們永遠走在書面語的前面，它在尋路中流動，不斷剔除守舊的書面語，革除書寫的語言的常態而在流動中活化書寫語言，這樣使言文合一的趨勢得到保證，儘量縮短兩者的距離。這一自律性運動，則是現代詩演變的源頭與保證。

〔註70〕〔美〕蘇珊・朗格：《情感與形式》，劉大基等譯，北京：中國社會科學出版社，1986 年版，第 252 頁。

第五章　聲音的詩學及詩歌史意義

　　聲音是一切語言的直觀形態，是承載著豐富意義的感性顯現。人類的聲音與自然界的自然聲響，有同有異。作爲人類發聲器官發出的有意義之音，因爲來自不同地域，以致互相難以傾聽與認同；這一過程中，共識在熟悉的聲音中尋找，陌生在異質中永遠隔膜。

　　在母語與現代詩這兩維中，母語方言更是因爲聲音的懸殊而劃爲不同的圈子。同時聲音與權力也產生某種關聯，居於中心位置與永遠合法化的只能是「官腔官調」，除此之外帶有方言特質的土腔土調，蜷縮於邊緣角落自生自滅。基於此，本章集中將方言入詩放在聲音的詩學這一宏大的視野下加以重審，主要是從聲音的角度探討方言音韻在現代詩中的意義與價值，同時通過具體分析讀詩會與詩朗誦及其運動的意義與得失，來反思從語詞到聲音所帶來的一系列變化。

第一節　土音入韻的現代軌轍與嬗變

　　韻與詩歌這一文體有不可分割的聯繫，從古至今，它或強化或弱化，始終佔有一席之地。現代白話詩的音韻特徵，不論是雙聲、疊韻等概念上的音響節奏，還是具體到技術層面的押韻方式、位置、韻音選擇等諸方面，雖與古典詩歌相比已經變革而呈弱化趨勢，但它總體上對音韻、節奏、音節的強調，還是作爲傳統的精華承繼下來。在挺韻與廢韻立場上，在有韻詩與無韻詩之間，存在一種非此即彼現象，但整體上韻對中國現代詩的節奏、聲音上仍有不可低估的現實意義。

　　除了韻與詩歌文體之關係，是由於傳統的影響與它自身長處的巧妙結合而處於水乳交融的狀態之外，承襲傳統詩歌閱讀經驗的讀者，也在期待視野中頑固地予以牽引與制衡。白話詩的合法性論爭與其本身的「非詩化」駁議，就是其中此起彼伏的循環現象，「有韻即詩」〔註1〕的觀念，還有相當廣闊的讀者市場。然而，當古典詩歌終結後進化爲現代白話詩時，如何押韻，押韻手段的變革過程與現狀態勢，現代用韻的機制與心理因素等一系列詩學問題，在目前卻還沒有得到有效的清理與反思。本節這裡無意於面面俱到討論這一牽涉面太廣的問題，僅從土音入韻這一角度來重審音韻與現代詩的內在關係，通過方言韻現象之梳理、意義之分析、聲韻之探討，來把握現代詩音韻形式因素的某種審美特性。

一

　　一般而言，韻的起源跟詩作爲詩、樂、舞同源藝術相關，它是原始藝術形式的基因遺留。雖然現在根據韻的位置可以分爲句內押韻與句尾押韻兩種，但句尾押韻所占比重明顯占絕對優勢。韻的最大功能即由韻產生節奏，把渙散、無序的聲音聯絡貫穿成一體，造成音節的前後呼應與和諧。〔註2〕此外，靠延長心理時間與加大重疊力度來輔助記憶、強化重點、區分意義等方面的功能也是它題中之義。朱自清曾有論述，「韻是一種復遝，可以幫助情感的強調和意義的集中。至於帶音樂性，方便記憶，還是次要的作用。從前往往過分重視這種次要的作用，有時會讓音樂淹沒了意義，反覺得浮滑而不眞切。」〔註3〕

　　從中西詩學比較來看，詩歌用韻與各國語言特性息息相關，西文符號多復音，本身的單詞排列構成音的輕重相間有規則的律動，再加上韻腳字的安排，西方詩節奏和諧感便由此發端，其中韻腳安排所占比重較輕。而中國漢字是單音字爲主，在聲的輕重上節奏感不明顯，詩歌內部句子之間斷續、停

〔註1〕　譬如章太炎就認爲「詩之有韻，古無所變」，並承認押韻的《百家姓》、《醫方歌訣》爲詩，而堅決不承認無韻的新詩爲詩。見《答曹聚仁論白話詩》，《華國月刊》1 卷 4 期。

〔註2〕　更多論述參見朱光潛：《詩論》，上海：上海古籍出版社，2001 年版，第 159 ～168 頁。

〔註3〕　朱自清：《詩韻》，《新詩雜話》，北京：生活・讀書・新知三聯書店，1984 年版，第 106 頁。

頓，有必要以強化韻腳形式來加以統一。另外，漢字同音同韻字頗多，也在材料上造成某種便利。因此，中國古典詩詞以韻見長，限制也嚴格，幾乎成了詩歌文體的主要屬性之一。

與詩歌重「韻」一衣帶水的現象之一，便是歷史上各種韻書的刊佈與約束，其中涉及到土音韻問題，如通押、出韻現象的背後便有方言韻的因素。具體而言，從歷史來看最早的韻書出現在魏晉南北朝時期，對後代影響很大的是隋朝陸法言編的《切韻》（編成於西元 601 年，可惜原書沒有流傳下來），唐朝在科考時開始考詩、賦，改《切韻》為《唐韻》（也失傳），但允許某些韻通押。宋朝官方繼續修訂名為《廣韻》，分為 206 個韻部，也允許通押。據人研究，這些韻轍的劃分「至今音則每雜以方音」，「《廣韻》雖以長安音為主，亦兼各地方音」，〔註4〕也就是說由古代語言、當代語言、方言語音混雜一起。大約在宋、金時期才正式將這 206 個韻部合併為 106 個，這就是現在所說的「舊詩韻」，也稱「平水韻」。平水韻一直定為官方標準韻書，為科舉考試詩、賦所嚴格遵循，也是近體詩（律詩、絕句）押韻的規範，一直到今天的舊體詩詞作者還大致照此押韻。因此熟悉韻書，成為歷朝士人讀書作詩這一「學而優則仕」道路的前期必修課。

儘管照顧到方言韻而允許通押，但它存在一個無法擺脫而且越來越嚴重的問題：它的發生是緊跟詩歌創作之後的，而我國早期詩歌則完全按照當時原初的聲音即口頭上的活語來自然押韻，比如我國的詩歌總集《詩經》，此後楚辭、樂府民歌等也大體如此。一旦官方韻書成為權威範本之後，便放之四海而皆準。韻書雖然偶有更迭，但它以不變應萬變，與漢語語音的實際變遷已有相當遙遠的距離。舊詩韻與語言的實際脫節，最明顯的是韻書上同韻的字有些已不同韻，而韻書上不同韻的字後來在聲音上卻因同韻而韻律和諧。因此，官方欽定韻書的僵化不變，導致了它與大致以口語、嘴巴上的流動的活語之間尖銳的矛盾。不過矛盾歸矛盾，歷代文人作詩還得遵循，最多只能偶爾在遊戲性筆墨中掙脫這一規則，其常態仍是維持舊韻書的束縛。直到由詩而詞而曲，這方面產生了一些突破，如詞本為里巷歌謠，源出於市井與當時口語，故其韻接近當時當地的活的語言實際。與詩韻比較，詞韻接近口語，多受方言的影響，「宋人作詩，

〔註4〕 章太炎：《小學略說》，洪治綱主編：《章太炎經典文存》，上海：上海大學出版社，2003 年版，第 19 頁。此外章氏認為「白樂天用當時方音入詩」，見同書，第 21 頁。

入聲隨意混用，詞則常以方音協之。」〔註5〕詞的用韻能夠反映當時語音的實際情況，也能適當地與方言韻保持大體一致。〔註6〕

由詩而詞而曲，還祇是正統文體的自身演變，雙線文學史的另外一端，則是大異其趣的民間詩歌與白話韻文。千百年來的歷代民間歌謠，由於沒有習慣襲用官方韻書，平民百姓也無科舉仕進之念頭，於是土音入韻便成爲民歌源流中生生不息的小傳統。〔註7〕按照各時各地的民眾方言自然押韻，構成此一端上的既成事實。與此有些歷史聯結的是，它也會產生大致的用韻條例來予以規範，如明清之際在民歌俗曲等詩歌創作中自然形成的切合口語的「十三轍」，在北方方言區廣泛流行開來，北方方言區的民歌、戲曲、曲藝等創作大致依照十三轍來押韻，同時均允許「通押」存在。「十三轍」與民國時期的《中華新韻》區別不是很大，都是以北方話爲基礎。從平水韻到中華新韻，韻轍數目減少，意味著相鄰相近的韻轍已合併到一塊形成新的韻轍，整體上對押韻的要求顯得寬泛許多，束縛也減少，從這一側面可知押韻的標準大爲下降，方言韻介入這一推動力是其中積極的因素。

除北方方言區的民歌俗曲大體通行「十三轍」一類的規則之外，其他非北方方言區的民歌音韻則是豐富多彩的。像地方戲曲的韻文唱白一樣，各地民歌基本上是按照本地方言的音韻特點來寫來念來唱，如徽州地區歙縣民歌中「丹」與「來」押「ε」韻，績溪民歌中「巾、聲、聽、婚、門、盆」同

〔註5〕 章太炎：《小學略說》，洪治綱主編：《章太炎經典文存》，上海：上海大學出版社，2003年版，第21頁。

〔註6〕 如清朝杜文瀾《憩園詞話》有一段話批評宋人的詞韻不嚴，足以說明宋詞用韻的實際情況：「宋詞用韻有三病：一則通轉太寬，二則雜用方音，三則率意借協。故今之作詞者不可以宋詞爲據。」他所說的「通轉太寬」、「雜用方音」、「率意借協」三點並非宋人用韻之病，而是當時語言變化後在音韻上的反映。見〔清〕杜文瀾：《憩園詞話·卷一》，續修四庫全書集部詞類第1734冊，上海：上海古籍出版社，1982年版，第246頁。詞可用方言韻，較爲常見，例子還可參見《填詞用方言韻》，秦似：《兩間居詩詞叢話》，成都：四川人民出版社，1985年版，第165～166頁。

〔註7〕 譬如馮夢龍在《山歌》開卷《笑》的評注中就蘇州方言押韻作了總的評析：「凡『生』字、『聲』字、『爭』字，俱從俗談，葉入江陽韻。此類甚多，不能備載。吳人歌吳，譬諸『打瓦』、『拋錢』，一方之戲。正不必如欽降文規，須行天下也。」馮氏所言，指以這幾字爲例而已，它們在全國通語範圍內韻母爲「eng」，爲庚耕韻。而在蘇州方言中實際讀音均爲「ang」，係江陽韻。見馮夢龍編纂，劉瑞明注解：《馮夢龍民歌集三種注解》，北京：中華書局，2005年版，第320～321頁。

押「a」韻。〔註8〕又如湘方言區的雙峰民歌中，「飛」與「虧」押「ei」韻，「肩」
與「裏」押「i」韻。〔註9〕這些用韻方式，在北方方言區不可能出現，而在
非北方方言區的某些地區土話中，有點類似於「材」與「鞋」一起押「ai」韻
一樣，則是自然、和諧的用韻。

　　在籠統的詩歌文類中，土音入韻或押方言韻，不論是具體的文人，還是流
傳在鄉野的歌謠，都成爲了一個不爭的事實與通例。胡適在尋求白話詩的合法
性時曾找出山谷詞中帶土音、押土音韻的例子。〔註10〕歷代詩人如杜甫、蘇東
坡、陸游等詩人偶然以方音叶韻，白話小說中的詩詞也不乏類似例子。〔註11〕
二十世紀舊體詩詞的巨匠毛澤東，其詩詞中也不時以湘方言押韻。〔註12〕這些
用韻習見，有時以酷肖口語爲佳，有時以本色爲妙，所以土音入韻，是不可抹
殺的存在。〔註13〕

　　沿此歷史，以白話新體詩爲正統的現代詩，在節奏建設上押韻與否既失
去了古代詩詞那樣的嚴肅性、神聖性，又根據自身特點出現了丟棄韻律、自
創新韻、借用土韻等藝術新質。韻的豐富與現代化，方言韻的蕪雜與普適性，
便成爲一個自然而然的現象。與這一歷史背景相關的是，許多語言學家開始
按照現代國語語音來編制新的詩韻書籍，如 1923 年趙元任根據北平音爲標準
作《國音新詩韻》，1942 年，中華書局出版過《中華新韻》。但這些韻書一是

〔註8〕　孟慶惠：《徽州民間歌謠的押韻特徵》，《安徽師範大學學報》2003 年 1 期。
〔註9〕　甘於恩主編：《七彩方言·方言與文化趣談》，廣州：華南理工大學出版社，
　　　　2005 年版。
〔註10〕　胡適：《山谷詞中帶土音》，胡適著、季羨林主編：《胡適全集》（第 28 卷），
　　　　合肥：安徽教育出版社，2003 年版，第 157 頁。
〔註11〕　如曹雪芹《紅樓夢》中林黛玉因原籍蘇州，在揚州長大，故小說中她作詩押
　　　　的是揚州方音，具體例子見周振鶴、游汝傑：《方言與中國文化》（第 2 版），
　　　　上海：上海人民出版社，2006 年版，第 168～169 頁。
〔註12〕　如《西江月·井岡山》、《蝶戀花·從汀州向長沙》、《菩薩蠻·大柏地》、《清
　　　　平樂·會昌》、《念奴嬌·昆侖》、《臨江仙·給丁玲同志》、《蝶戀花·答李淑
　　　　一》、《賀新郎·讀史》等，均有方音取叶現象。參見胡國強主編：《毛澤東詩
　　　　詞疏證》，重慶：西南師大出版社，1996 年版。
〔註13〕　另外，如當代語言學界針對某一朝代或古代某某詩人用韻考之類的文章，也
　　　　從反面印證了這點，這方面的文章很多，僅舉數例：魯國堯：《宋代蘇軾等四
　　　　川詞人用韻研究》，《語言學叢刊》（第八輯），北京：商務印書館，1980 年版；
　　　　劉曉南：《宋代福建詩人用韻研究》，南京大學博士論文 1996 年；張令吾：《宋
　　　　代江浙詩人用韻研究》，南京大學博士論文 1998 年；白鍾仁：《北宋山東詩文
　　　　用韻研究》，南京大學博士論文 2001 年，等等。

用韻較寬，一是與創作界脫節，實際作用均不大。〔註14〕它是否作爲當時現代詩人寫作時的案頭書，則缺乏有力而普遍的證據。

二

韻的重要性逐漸下沉，韻書的普適性也開始動搖，其主要原因還是現代詩開始了以現代活的口語爲基礎的語言轉向，白話化導致詩人對韻進行重新認識。白話作爲現代詩的正統工具，在具體聲音效果上體現出懸殊甚大的地域性差異。眾所周知，方音的差異是方言差異中最顯著的一環，它比辭彙、語法的差異大。因此一旦以白話爲基礎工具，就意味著方言之門已經敞開，魚貫而入的各地方言，往往造成某種既成事實，影響韻的純度與標準，因此土音入韻並沒有消失反而更爲普遍些了。餘下的問題是，土音入韻在民國詩歌史上呈現一個什麼樣的狀態，佔有怎樣的地位？據筆者目前掌握資料來看，還沒有專門的文章涉及這一領域，學術界這一現狀與客觀事實顯然存在不無遺憾的滯後性。

現代詩的「土音入韻」，自胡適嘗試以來，就客觀存在。民國詩歌史上的胡適以《嘗試集》開了初期白話詩的先河，對於韻的理解，他認爲：「用韻一層，新詩有三種自由：第一，用現代的韻，不拘古韻，更不拘平仄。第二，平仄可以互相押韻，這是詞曲通用的例，不單是新詩如此。第三，有韻固然好，沒有韻也不妨。新詩的聲調既在骨子裏，——在自然的輕重高下，在語氣的自然區分——故有無韻腳都不成問題。」〔註15〕劉半農在文學革命之初提出了他著名的韻文改良舉措，分別是破壞舊韻重造新韻、增多詩體、提高

〔註14〕 如《國音新詩韻》得到的評價是，因爲「正趕上新詩就要中衰的時候，又書中舉例，與其說是詩，不如說是幽默；所以沒有引起多少注意。」見朱自清：《中國新文學大系・詩集・導言》，上海：上海良友圖書印刷公司，1935年版。

〔註15〕 胡適：《談新詩——八年來一件大事》，姜義華主編、沈寂編：《胡適學術文集・新文學運動》，北京：中華書局，1993年版，第395頁。此外，與胡適對音韻的陌生也有關係，「丁未正月（一九〇七）我遊蘇州，三月與中國公學全體同學旅行到杭州，我都有詩紀遊。我那時全不知道『詩韻』是什麼，只依家鄉的方音，念起來同韻便算同韻。在西湖上寫了一首絕句，只押了兩個韻腳，楊千里先生看了大笑，說，一個字在『尤』韻，一個字在『蕭』韻。他替我改了兩句，意思全不是我的了。我才知道做詩要硬記詩韻，並且不妨犧牲詩的意思來遷就詩的韻腳。」見《胡適文集》（第2卷），北京：人民文學出版社，1998年版，第431頁。

戲曲對於文學上之位置。至於就廢除不合情理的舊韻、如何重造新韻時是這樣主張的：

（一）作者各就土音押韻，而注明何處土音於作物之下。此實最不妥當之法。然今之土音，尚有一著落之處，較諸古音之全無把握，固已善矣。

（二）以京音為標準，由長於京語者為造一新譜，使不解京語者有所遵依。此較前法稍妥，然而未盡善。

（三）希望於「國語研究會」諸君，以調查所得，撰一定譜，行之於世，則盡善盡美矣。

或謂第三法雖佳，而語音時有變遷。今日之定譜，將來必更有不能適用之一日。余謂沈約既無能力豫為吾輩設想，吾輩亦無能力為將來設想。將來果屬不能適用，何妨更廢之而更造新譜。〔註16〕

從五四初期白話詩人胡適、劉半農始，便可看出土白入韻與現代韻的建設是有瓜葛的，白話入詩與土白入韻之間本身也有內在聯繫。他們或者否定韻的神聖性，或者借用土韻，通過土白入韻的嘗試與介入，來破壞傳統詩韻的正統地位，這一取向與通過白話入詩來推倒舊體詩的取向相一致。到了初期白話詩以後，北方白話成了國語的基礎，方言被扶正，於是以北方方言為基礎建立新的用韻譜系，便順理成章了。但在北方方言這一整體的內部，出格的案例還是相當多的，時時有詩人無意識地用了家鄉土音。有人曾留意過這方面的現象，「以前我評友人於庚虞的詩，說他所用的韻腳 on 和 en 以及 ing 是不分的，現在看到王獨清的第一詩集《聖母像前》也是這樣；因為於庚虞是河南人而王獨清是陝西人的緣故。……（中間舉例省略——筆者注）『恩』『音』不分還可以，『恩』『音』同『翁』同韻，照國音讀來，就未免相差太遠了。」〔註17〕河南與陝西，大致屬於北方方言，也沒有來得及意識到自己前鼻音與後鼻韻母的區別。上述這些，基本上還是不自覺地露出尾巴而已，同時還必然顧及這一點，詩人原初也許並沒有用韻，而評論者卻認為是押了韻，兩者之間產生錯位。北方方言區內部的現代詩人都如此，如果是其餘差別更大的來自六大方言區的作者，則更是屢見不鮮了。

　　下面就從主張格律化的新月詩派詩人詩作入手再作具體的闡釋。以聞一

〔註16〕劉半農：《我之文學改良觀》，《新青年》第三卷三號，1917 年 5 月 1 日。
〔註17〕趙景深：《聖母像前的韻腳》，《一般》3 卷 3 期（11 月號），1927 年 11 月 5 日。

多、徐志摩爲代表的格律詩派，相對而言重視韻腳的安排，在淵源上承繼探討
現代詩歌格律化的先行者陸志韋，出身吳語區的陸氏在 1923 年因相信「節奏千
萬不可少，押韻不是可怕的罪惡」這一信條，所以其白話詩集《渡河》大部分
是有韻的詩，押韻的方法是破四聲、無固定位置、押活韻不押死韻。其中對韻
的「死活」是這樣理解的：「用國語或一種方言爲標準，不檢韻書。……我看韻
書一切都不可用。我是浙人，必要時押浙江的土韻，否則盡我之能押北京韻。
此後我用浙韻時，注明浙韻。我曾有一種企望，把京音照《廣韻》的方法分爲
幾十個韻，不再分平上去入。」〔註18〕承此一脈，新月詩派詩人不但有純方言
詩、土白詩的創作，而且對土白韻也多有眷顧。聞一多氏認爲，「我並不反對用
土白作詩，我並且相信土白是我們新詩的領域裏，一塊非常肥沃的土壤，理由
等將來再仔細的討論。我們現在要注意的祇是土白可作『做』詩；這『做』字
便說明了土白須要一番鍛煉選擇的工作然後才能成詩。」〔註19〕這番話說得不
免有些中規中矩，與饒孟侃《土白入詩》一文中倡導土白入詩顯得低調些，與
其他新月詩人的土白試驗也略有區別。土白入詩是前期新月詩派的關於音節試
驗上的重要一環，既然有土白入詩，就難以迴避土音入韻。從聞一多的《紅燭》，
到徐志摩的《志摩的詩》，土白入韻非常普遍，對這一現象有叫好的，也有指責
的。前者如徐志摩的朋友陳源，認爲徐氏「平民風格的詩，尤其是土白詩，音
節就很悅耳」。〔註20〕從音節立論，顯然正合新月詩派的音節試驗，雖然沒有講
到土白韻，但包括它在內是無疑的。後者如新月詩派的同仁朱湘，對這一現象
作出了嚴厲的指斥。朱湘在《評徐君志摩的詩》〔註21〕中在內容上把方言詩概
括在「平民風格的詩」一類裏，用「土白體」相稱，一分爲二地認爲拿土白來
作詩，也可能因詩中本質稀薄而惹人厭，另一方面肯定土白中有些說話方法特
別有趣，文法結構同詞語是文人極好的材料。在土音入韻上則一口咬定是缺點。
「這種土音的韻教人家看來很不暢快；尤其是在抒情詩裏面，音韻爲造成印象
的一個很大的要素，現在忽然間插進一個土音到裏面去，這眞像吸涼粉正吸得

〔註18〕陸志韋：《我的詩的軀殼》，鄒建軍選編：《20世紀中國文學史文論精華·新詩
　　　　卷》，石家莊：河北教育出版社，2000 年版，第 85～89 頁。
〔註19〕聞一多：《詩的格律》，《聞一多全集·三》，北京：生活·讀書·新知三聯書
　　　　店，1982 年版，第 412～413 頁。
〔註20〕陳源：《西瀅閒話》，北京：中國文聯出版公司，1993 年版（係據新月書店 1931
　　　　年 3 版排印），第 211 頁。
〔註21〕朱湘：《評徐君志摩的詩》，蒲花塘，曉非編：《朱湘散文》（上），北京：中國
　　　　廣播電視出版社，1994 年版，第 149～163 頁。

滑溜有趣，忽然間一個隔逆，把趣味隔去了九霄雲外的樣子。推原其故，這便是因爲徐君作土白詩作得太滑溜，不知不覺的也就拿土音來押韻了。」在《評聞君一多的詩》裏他也持同樣觀點，認爲聞君的詩短處之一是用韻不講究，分別爲不對（即韻用錯了）、不妥、不順，其中不對還分四層，分別是因按照土音來押；盲從古韻來押；不避闔口音而押；完全是作者自己的過失，完全沒有辯解可言的。不過，朱湘在另一篇批評徐的文章裏說：「不管是土白詩也好，國語詩也好，作者既然用了韻，這韻就得照規矩用。眞的規矩極其簡單，這規矩就是：作那種土白詩用那種土白韻，作國語詩用國語韻。」〔註22〕由此分析，朱湘還是一分爲二地分開來論述。與朱湘相類似，葉公超也持土音入韻爲不妥的觀點，他認爲徐志摩的《火車擒住軌》一詩節奏的緩急輕重與火車的奔馳以及沿路經過的情景互相和諧，是一首難得的詩，其中「祇是第三行用上海口音押韻是一個小小的缺憾」。〔註23〕但批評歸批評，有些土音入韻照樣在嘗試中進行，方言韻並沒有在批評聲中頓時消失，更何況土音入韻與國音入韻，在當時還鮮有人嚴格加以區分。

其次，關於土音入韻還有一個現象，是詩本身詞語視覺給人似乎沒有方言因素，但在讀的時候暗暗地顯示出方言韻來。如普通民眾讀詩時，喜歡在朗誦到句尾加上「啊」或「呀」之類的語氣詞，有韻味地哼出來作爲韻腳使用。可舉類似一例：「四川話後面帶有『er』的尾音，可自然相叶。這樣看來，方言詩的語言是有自然音韻的，不要勉強在韻本上去用功夫。而且有些字讀方言與本來的一般的音是不同的。」〔註24〕另有一層，作者本人不用方言韻，但在方言區的讀者，或受方言韻的讀者讀來，讀出了方音韻效果。不過，這問題牽涉面更大，讀者參與文本的完成，從讀者反應批評來看，這問題相當普遍。限於篇幅，留待以後再立論。

無獨有偶，外國詩人也有押方言韻現象的，蘇聯詩人葉賽寧大量使用不符合標準俄語語言規範的土音入韻，呈現爲五種類型，這種方言韻，並不是偶然和一時疏忽所致，而是南俄羅斯口音區域的方音。與葉賽寧類似押方言韻但程

〔註22〕朱湘：《〈悲冷翠的一夜〉》，蒲花塘，曉非編：《朱湘散文》（上），北京：中國廣播電視出版社，1994年版，第202頁。
〔註23〕葉公超：《音節與意義》，陳子善編：《葉公超批評文集》，珠海：珠海出版社，1998年版，第69頁。葉氏這裏所指的是「鼓」與「火」兩字押韻。
〔註24〕羅泅：《再談方言詩——論方言詩的命題、方言、形式》，《時事新報·青光》，1946年7月6日第四版。

度不一的俄蘇詩人還有羅蒙諾索夫、傑爾查文、普希金、萊蒙托失、丘特切夫、阿謝耶夫等。對於這一現象，也引起了比較文學研究界的注意。〔註25〕

三

　　土音入韻進入現代詩的資格體現在哪些方面，到底如何判斷、取捨作者本人與讀者的歧義性評述？土音入韻到底為什麼會存在，其存在的理由值得注意嗎？再就是土音入韻的意義與價值，難道它只有消極作用嗎？這些問題，也是值得思考的。下面逐一展開分析。

　　首先，詩人本人與作者的歧義。在民國詩歌史上，土白入韻既與土白詩創作潮流一概相承，又具有某種獨立性，不提倡方言詩的詩人，有時也偶然有此現象。對土白入韻，產生對立的兩種意見，一種是不允許它，沒有出場的資格；另一種意見認為是合理的存在，如朱自清就認為「不過現在的新詩作者，押韻並不查詩韻，祇以自己的藍青官話為據，又常平仄通押，倒是不諧而諧的多」，「作方言詩自然可用方音押韻，也很新鮮別致的。」〔註26〕這兩種意見，很少有統一的時候，到底如何看待，如何把握？能否取一個折衷的辦法，也就是上文所述的朱湘的意見，即限制土音入韻在土白詩裏面，「囚禁」於此不得自由出入。但問題是評論者約束得這樣具體嗎，更何況詩人自己都難以清醒地意識到。就拿反對土音入韻的朱湘本人來說，他也有土白入韻的例子，祇是沒有意識到、數量並不太多罷了，如《貓誥》裏有四句詩「有一隻老貓十分的信神，／連夢裏他都咕噥著念經。／想必是夜裏捉老鼠太累，／如今正午了都還在酣睡。」其中「神」與「經」押韻、「累」與「睡」押韻，就是押方言韻。〔註27〕又如素以嚴謹著稱的馮至、卞之琳等詩人，在格律化的新詩中，也有大量的方言入韻現象，如馮至《十四行集》中第一、二、五、七、九、十九、二十等若干首，卞之琳《慰勞信集》商籟體詩中的一些以及像《白螺殼》、《水分》、《望》等詩，都普遍存在方言韻的

〔註25〕參見郭天相：《關於葉賽寧詩歌中的方音韻腳問題》，《外語學刊》1989 年 2 期。作者郭天相則認為葉賽寧押方言韻極有可能是有意識的，主要出於對自己故鄉的忠誠與堅貞，使作品具有濃厚的鄉土氣息和民族特點。

〔註26〕朱自清：《詩韻》，《新詩雜話》，北京：生活・讀書・新知三聯書店，1984 年版，第 112～113 頁。

〔註27〕王力：《漢語詩律學》（增訂本），上海：上海教育出版社，1979 年版，第 894 頁。

例子。〔註 28〕由此看來，這是一個非常複雜的現象，方言韻的誕生與語言的自然湧出呈同步性關係，它是作者不經思索、難以剔除的產物。

其次來探討一下爲什麼會出現土音入韻的情況。土音入韻在現代新詩中隱隱約約地存在，其原因是多方面的。不過根據當時的具體情況來看，我認爲以下幾點帶有實質性意義。首先是當時國語不甚通行的客觀環境所致，雖然有人對「國語」統一、言文合一的議題進行過鼓與呼，但事實上沒有達到全國一致。這樣，詩人們在一個方言的環境中長大、生活，像日常使用方言一樣在創作中使用方言韻也就成了無意識的活動。有時因處理不同風格、題材，選擇韻腳時會傾向於鄉音，藉重它來張揚某種情趣、特色。其次，整體上現代音韻已失去傳統詩韻的價值，變得不甚重要了。現代詩人雖然也偶有按照各類韻書押韻寫詩的作者，但總體看法上視押韻爲附屬之物，押不押韻，怎麼押，是否按照自己所受方言影響來適當押韻，都沒有統一的清規戒律。而且現代社會，各個地域方言出身的詩人，既沒有科舉時期因影響功名來嚴格押韻的負擔，也沒有必須以官方韻書爲經緯的文體苛求，寫作較爲自由，所受阻礙似乎也並不明顯。

這一過程從當時的言論與評說中也略知一二。爲了廓清舊韻的毒害，胡適斷言「新文學的語言是白話的，新文學的文體是自由的，是不拘格律的」，〔註 29〕從而揭示出詩體的大解放趨勢是大勢所歸。沿此一軸展開聲討的絡繹不絕：「新詩重在精神，不必拘韻」，〔註 30〕「舊的韻本裏的韻，距離現代的語言太遠的了」，〔註 31〕現代派詩「不乞靈於音律，所以不重韻腳」，〔註 32〕「中國舊詩用韻法的最大毛病在拘泥韻書，不顧到各字的發音隨時代與區域而變化。」〔註 33〕這樣一來，似乎歸結到魯迅式的結論，「新詩先要有節調，押大致相近的韻」，〔註 34〕也就是說押大致相近的韻即可。「大致相近」這是

〔註 28〕王力：《漢語詩律學》（增訂本），上海：上海教育出版社，1979 年版，第 870
　　　　～880 頁。
〔註 29〕胡適：《談新詩——八年來一件大事》，姜義華主編、沈寂編：《胡適學術文集·
　　　　新文學運動》，北京：中華書局，1993 年版，第 385 頁。
〔註 30〕康白情：《新詩底我見》，楊匡漢，劉福春編：《中國現代詩論》（上編），廣州：
　　　　花城出版社，1985 年版，第 40 頁。
〔註 31〕蒲風：《五四到現在的中國詩壇鳥瞰》，楊匡漢，劉福春編：《中國現代詩論》
　　　　（上編），廣州：花城出版社，1985 年版，第 196 頁。
〔註 32〕孫作雲：《論「現代派」詩》，楊匡漢，劉福春編：《中國現代詩論》（上編），
　　　　廣州：花城出版社，1985 年版，第 226 頁。
〔註 33〕朱光潛：《詩論》，上海：上海古籍出版社，2001 年版，第 166 頁。
〔註 34〕魯迅：《341101 致竇隱夫》，《魯迅全集》（第 13 卷），北京：人民文學出版社，

一個富於彈性、意義模糊的詞語，韻的地位下降，它對詩人的約束力也自然減少。

最後，土音入韻的意義，與人們對土白入詩的評價是綑綁在一起的。由於土白入詩的名聲一直並不太佳，因此影響到土白入韻的評價，詩歌界在當時整體上給予的評價較低，基本上沒有多少正面的評論。這是一種宿命，個人的力量無法推翻這一陳見。但是既然白話、現代口語佔據主流，它總是會顯現出來而不會大量隱失，而且它本身也有特殊的意味，由某種方言讀來，人們感覺到和諧的音節，這就夠了，〔註35〕土音押韻自有本身的妙處，用土音讀來，有另外的情趣，音節的和諧是地域性的。〔註36〕換一個角度，從戲曲來看，各地戲曲有自身的音韻系統，它是自足的存在，音韻有自身的韻味，「任何一種戲曲，其起源都侷限於一定地域，採用當地方言，改造當地的民間音樂、歌舞而成，其雛形階段都是地方戲。區別地方戲最顯著的特徵是方言，這是一個歷史問題。〔註37〕對方音入韻現象，即使不太明白，但真要有好詩，用韻方式寬泛些也無多大妨礙，必要時加個小注即可。

結　語

土音入韻與現代詩緊密結合在一起，構成了某種雜語共生狀態。土音入

2005 年版，第 249 頁。

〔註35〕梁實秋根據日常通用的白話音韻，曾認為郭沫若一詩中「生」與「中」是極諧和的韻腳，顯然其出發點還是他當時與郭沫若關係較為親近而已。見梁實秋：《詩的音韻》，見梁實秋著，徐靜波編：《梁實秋批評文集》，珠海：珠海出版社，1998 年版，第 2 頁。

〔註36〕一個方言的韻類系統，隱隱地支配著這個方言區作家的用韻。如《西遊記》、《紅樓夢》、《金瓶梅》等融詩入小說的白話長篇小說，其中便有不少詩歌押的正是方言韻。這樣一份原始性資料，它保存著元明時代某個時期某個方言的韻類系統，研究這一韻類系統，可以取得關於作者籍貫的證據。

〔註37〕游汝傑主編：《地方戲曲音韻研究》，北京：商務印書館，2006 年版。另外，有研究韻律的學者曾指出：「現在詩歌、唱詞中還有另外一種情況，就是方音通押，那是由於作者所說的方音中某些韻轍音分不清楚形成的。比如人辰轍和中東轍的通押就屬這種情況。由於這兩個韻轍的韻音 en 和 eng 在全國許多方言中分不清，所以現在這兩個韻轍在通押在創作中十分普遍。……舊京劇也將這兩個韻轍通押，是因為它的起源受到湖北、安徽方言影響的緣故，因此舊京劇中生角、旦角唱念都將『京』（jing）讀成『斤』（jin）、『英』（ying）讀成『因』（yin）。近年來新編的京劇唱詞仍保留了兩韻通押的習慣。」參見車錫倫：《韻轍新編》，呼和浩特：內蒙古人民出版社，1978 年版，第 16～17 頁。

韻在現代軌轍中滑行、嬗變，對音韻的衝擊是多方面的，如果從地域文化、方言區域來看，更多的例子等待研究者去發現。總的來看，土音入韻依傍著現代漢民族共同語的形成與發展而參差著延伸，單純從利弊得失來衡量的話，似乎並不能看清楚問題的全部實質。雖然詩人們為追求全國影響與各地讀者計，相當程度上限制了土音入韻的流行與刊佈，但是這都不要緊，要緊的是它是合法的存在，即使在沉默中敞開，也構成一種聲音，有聲音總會有耳朵在傾聽。

第二節　「讀詩會」及其詩學價值

　　讀詩活動與聲音的詩學緊密相聯，作為伴隨現代詩創作過程的審美活動環節，它的重要性不言而喻。〔註38〕詩人本人邊寫邊哼（吟），然後念（或讀）給旁人聽；各地讀者接觸到文本形態的現代詩歌文字，通過各自聲腔，以聲音的方式再次個人化地呈現文字本身，這大概都是習以為常的了。在民國詩歌史上有關詩人的傳記與詩人的自述性文字中，對這一活動的敘述差不多也是屢見不鮮的。〔註39〕但關鍵問題是，與舊詩相比，白話詩如何讀，能讀出怎樣的聲音來，這聲音的意義如何估價，都是些饒有興趣的話題。事實上，對民國詩歌史上這一問題細加察看，便不難發現其中以蜻蜓點水、語焉不詳者居多。「讀詩」的過程如何，具體如何讀（聲音大小、輕重、緩急等）、用什麼聲音讀（用藍青官話、國語還是自己的母語方言），這些細微的問題似乎忽視過去了。無疑，這

〔註38〕「我以為對於白話詩的不滿意多半是由於讀詩讀法的不同。許多不贊成白話詩的人，也許是不知道讀中國舊詩和讀現今新詩兩種讀法的差異。假使能夠用讀新詩的讀法去讀新詩，也許他們的不滿意可以消除一大半。」見浩徐：《新詩和讀詩》，《現代評論》第 4 卷 99 期，1926 年 10 月 30 日。

〔註39〕如俞平伯回憶在北京大學和康白情讀詩時高興的情景：「有時白情念著，我聽著；有時我念著，他也聽著。這樣談笑的生涯，自然地過去，很迅速地過去。……我們倆一年多沒見，我做詩真寂寞極了：念盡念著，寫盡寫著，總沒有誰來分我詩中底情感。」俞平伯：《〈草兒〉序》，諸孝正、陳卓圉編：《康白情新詩全編》，廣州：花城出版社，1990 年版，第 246 頁。又如郭沫若修改《女神》時也是「總要一面改，一面念，一再推敲，力求字句妥貼，音節和諧。」鄭伯奇：《憶創造社》，饒鴻兢等編：《創造社資料》，福州：福建人民出版社，1985 年版，第 849～850 頁。關於郭沫若讀詩情況，還有以下他自己的口述「至於朗讀，那是常事。大概每一詩作成後三個月內還可以暗誦，比較適意的直到現在都還記得。」見郭沫若講，蒲風記：《郭沫若創作談》，《中國當代文學研究資料，郭沫若專集（1）》，成都：四川人民出版社，1984 年版，第 39 頁。

是一個令人遺憾的現象，因爲在現代白話詩自始至終湧動著從視覺藝術到聽覺藝術轉型性試驗的潮流，對方塊漢字本身特殊「聲音」的關注幾乎與現代詩發展道路的尋找相伴隨。本節這裡擬回顧、梳理民國詩歌史上的「讀詩會」活動，對它出現的過程、方式、意義，背後隱藏的聲音的詩學問題，作出某種還原式的分析，以便拋磚引玉，引起學術界的重視。

一

在談到讀詩會時，筆者願意先自我辨清一對關鍵性詞語，即誦讀與朗誦的區別。兩者的詞典意義差別不大，在大多數場合人們一般也對此沒有作出苛刻的辨析。不過必須承認，不論是詞源上，還是民國詩歌史上的詩歌活動本身，這兩者之間並沒有涇渭分明的分野。這裡既是爲了論題的細化，也爲了論述的方便，同時也是爲了與下一節論述詩朗誦運動相區別來達到自圓其說的目的。

由此看來，如果硬說「讀詩會」（雖然有些也沒有取這一專用名稱）也是詩朗誦，則著重是「詩」的朗誦，重點在「詩」上；朗誦詩則著重的是「朗誦」的詩，重點落在「朗誦」上。「讀詩會」的「讀」，主要限定於「誦讀」而遠離「朗誦」之意。詩作寫完後，一般作者都會像古人杜甫所說的「新詩改罷自長吟」一樣，來一個吟誦、推敲、自賞，然後帶著創作後的喜悅念誦給身邊圈子的朋友聽，或是徵求意見，或是自我滿足，諸如此類不等。他誦讀聲音的對象一般是自己、家人或人數不多的朋友，具有規模較小、態度嚴肅和音節試驗等性質。而「朗誦」詩行爲一般跟詩朗誦運動關係密切許多，朗誦者或者通過廣播、電視等電子設備，或者在大庭廣眾之中登臺亮相「演出」，一般與宣傳、鼓動、動員，以及表演化、戲劇化等「演出」性質關係密切些，其對象一般是參加大型集會的成百上千的聽眾，在民國歷史上的四十年代還意味著面對底層民眾或兵士等。

在這一過程中，「誦讀」現代詩歌的性質偏重於如何把視覺向聽覺藝術轉移，或者說是關注視覺性問題時也一併關注到詩的「聲音」問題。徵之於古，有先例可尋；尋之於今，也不乏事實，指稱用的詞語如「誦詩」、「吟詩」等均是。在古代，一般是把詩拿來吟誦，「吟詩作賦」也好，「一吟雙淚流」也罷，這種方式是小範圍的；而面對宗廟或群眾時，最通常的方式往往是「歌」或「唱」詩，一般還牽涉到樂器進行配樂處理。現代的白話詩人，因白話詩篇幅增長加大、風格自由多樣、個人化寫作居多，因此形式、方式上也顯得

變化頗多，沒有定規，或默念於心、或發出輕微的聲音，主要是檢驗是否悅耳、順暢、上口，即音節上是否和諧，音樂性達到什麼樣的程度。因此，「誦」詩的重要性不言而喻，而「誦是介於讀和唱的聲音的藝術，不是讀，也不是唱，而是一種感情的言語。」〔註40〕

　　就現代白話詩而論，有論者曾認爲：「關於新詩運動，企圖在誦讀上將個人視覺欣賞轉而爲多數人聽覺的欣賞，這種努力隨新詩運動而發展，已有了許多年。這種誦讀試驗的集會，和中國新詩運動極有關係，與詩的朗誦更有關係」。〔註41〕既然有如此「關係」，那麼有必要考察當時詩人的口語、聲音情況：到底當時當地是用什麼聲音來進行這一活動呢？

　　總的客觀背景是，在民國文學時期，概而言之是在方言與國語之間搖晃。當時存在著一種既不是純粹方言，又不是標準國話，而是帶著方言與普通話成分的過渡語，既所謂的藍青官話。方言地區長大的人學習國語，往往長期徘徊於這種過渡性質的語言之中。南北方言的交錯、混雜，使得各地鄉音的集體「出場」成爲可能。有方言研究者發現解放後大力推廣普通話後情況仍然如此，有三種情況：說得好一點的，別人覺得帶外地腔調；說得一般的，別人聽起來吃力；說得差的，別人聽不懂，擴大地說，這三種情況都是過渡語，縮小地說，好的算「普通話」，差的算「準方言」，中間的是典型的過渡語。〔註42〕返觀解放前的語境，這一情形更爲嚴重。在五四時期那批執牛耳的知識份子隊伍中間，算好的一類並不多見，只有胡適等極少數人，能說一口較爲標準的國語，其餘大多數都是以母語方言爲主，輔之以藍青官話作爲交流的口語，按今天的說法，也許現代漢語還存在口語的「聽力問題」。

　　同時，在當時的社會裏，一般方言區的聽眾，包括大中學校的學生，有些還聽不懂國語。二十世紀初的上海完全是上海話的世界，各學校師生均用上海話；〔註43〕二三十年代的廣州還是粵語的天下；〔註44〕四十年代的上海

〔註40〕錫金：《朗誦的詩與詩的朗誦》，《戰地》1卷1期，1938年3月20日。
〔註41〕沈從文：《談朗誦詩》，《昆明冬景》，文化生活出版社，1941年12月桂一版，
　　　　第9～29頁。此文是關於朗誦詩方面論述得最爲深入、全面的論文，提供
　　　　了很多珍貴史料。解放後的沈從文集子一般收錄此文，但修改較大，這裏
　　　　以當時原版爲準，原版直接錄自最初發表、連載處——香港《星島日報·
　　　　星座》（1938年10月1日至10月5日），特此說明；下文凡引用此文，只
　　　　指出出處而不詳注。
〔註42〕李如龍：《論方言和普通話之間的過渡語》，《福建師大學報》1988年2期。
〔註43〕「我初到上海的時候，全不懂得上海話。……完全是個鄉下人。」「我們現在

大多數群眾聽不懂普通話。〔註45〕這樣給文人的流動帶來某種不便，如紹興話是周氏兄弟的母語方言，他們說不準普通話，也聽不懂外地話，如魯迅進廣州中山大學不久就退出來，語言聽力障礙是一個重要原因，周作人的演講效果不佳，原因如出一轍。乃至於劉半農這樣研究語言的專業工作者，對語言也談不上標準，這樣的口語狀態，在他們誦讀白話詩時往往會自然露出蛛絲馬迹。譬如，胡適是一個學外地土話能力很強的學者，他寫詩有一個習慣就是喜歡寫好後朗讀給朋友聽，如留學日記中有大量記載與梅光迪、任叔永、朱經農等人唱和的情景，回國後與沈從文、徐志摩交流的情景，其中就有徐志摩等人記載他用家鄉安徽土音來讀詩的細節。在沈從文印象中，由胡適自己讀來，輕重緩急之間見出情感，自然很好聽，可是輕輕地讀，好，大聲地讀，有時就不免好笑。同見於沈從文一文中的還有徐志摩的誦讀，在新月社的院子裏，他也很有興致地當著陌生客人的面讀他的新作，他坐在牆邊石條子上念詩，環境好，聲音清而輕，讀來很成功，白話詩用誦讀方式來欣賞，在沈氏的記憶上只有這次完全得到成功。朱自清也曾記有聽老舍誦讀《劍北篇》的回憶，朱自清自己怎麼讀《劍北篇》，都感覺到句句押韻的束縛，太鏗鏘些，重讀韻腳，失去了許多意味，等聽到老舍自己按著全句的意義朗讀，發現不同聲腔效果不一樣：「只按語氣的自然節奏讀下去，並不重讀韻腳。這也就覺得能夠聯貫一氣，不讓韻隔成一小片兒一小段兒的。可見詩的誦讀確是很重要的。」〔註46〕

看見上海各學校都用國語講授，決不能想象二十年前的上海還完全是上海話的世界，各學校全用上海話教書，學生全得學上海話。中國公學是第一個用『普通話』教授的學校。」據胡適：《四十自述》，北京：人民文學出版社，1998年版，第408、421頁。

〔註44〕據溫梓川記載：魯迅從廈門到廣東中山大學任職，在中大並不怎樣順暢，其語言障礙是主要原因之一：「他擔任的功課是中國小說史。起初選課的同學相當多，甚至旁聽的也不少。可是魯迅的口才和他那口滿口紹興口音的普通話，實在不是只懂方言的廣東學生所能聽懂的。起初大概是好奇，後來是因為聽不懂，於是聽眾也就漸漸地少了下來。」「當年的廣東學生是沒有幾個會說會聽普通話也是事實，外江籍的教授在廣州之不會被熱烈歡迎，自然是順理成章的事。」（馬來西亞）溫梓川著，欽鴻編：《文人的另一面》，桂林：廣西師範大學出版社，2004年版，第240～241頁。

〔註45〕見葉籟士：《倪海曙年譜》，《倪海曙語文論集》，上海：上海教育出版社，1991年版，第516頁。

〔註46〕朱自清：《抗戰與詩》，《新詩雜話》，北京：生活·讀書·新知三聯書店，1984年版，第41頁。

　　這是現代白話詩文獻上零星的歷史記載片斷，詩人們在一個小圈子範圍裏認眞試驗新詩的「聲音」，也可以稱之爲泛化意義上的「讀詩會」。至於名實相符的專門的「讀詩會」，下文將具體介紹。與此相對的是，大型的詩朗誦活動在集會、廣場進行，它所擁有的聽眾成百上千，因規模較大講究場地而帶有「演出」性質，在宣傳、鼓動、教育方面的考慮更是題中之義，因爲將單獨另列一節，此處不贅。

二

　　受西方詩歌讀詩會的影響而舉辦讀詩會的，主要是二三十年代的新月派詩人與京派詩人，這是白話詩歌社團、流派內部的志同道合者所開創的精英化活動，是較爲正式的「國產」式「讀詩會」。

　　最早帶有這一傾向的誦讀活動，是從《晨報・詩鐫》詩人群開始的。徐志摩在《詩刊弁言》中提到，當時有「新詩人的樂窩」之譽的聞一多家裏，就在進行詩誦讀活動。在劉夢葦屋裏，幾個新月詩人的詩誦活動也在進行，〔註47〕文章只簡單介紹有這些活動，沒有注明具體的聲音形式。後來朱湘登報過一篇相關的文章《我的讀詩會》，〔註48〕「讀詩會」這一名稱大概是第一次付諸於鉛印文字，朱湘在文章中稱將於5月1日（即登報之日起一星期左右，當時爲1926年）舉行個人詩作朗誦會，同時注明那一天的準確開始時間、地點並聲明不收費。文章首先介紹以讀詩爲主的誦讀會，在西方甚爲常見而我國還沒有舉行過這種誦讀會（類似性質與活動還是有的——筆者注），出於白話新詩「內容，外形，音節三樣並重」的詩學觀和作爲一個努力於音節的詩人，朱湘抱著主要試驗「音節」這一目的來舉行這一活動，他在文中說：「『工欲善其事，必先利其器』，所以現在的新詩應當特別用力在音節與外形兩者之上，庶幾可以造成一種完善的工具；完善的工具造成之後，新詩的興盛才有希望。如今在新詩上努力的人，注意到音節的也不少。但是這些致力於音節的人怎樣才能知道他們的某種音節上的試驗是成功了，可以繼續努力，某種音節上的努力是失敗了，應當停止進行呢？讀詩會！讀詩會便是解決這個問題的方法。」讀詩會雖然後來沒有實行，但可見幾點：一是讀詩會的誦讀活動與音節試驗密集相關；二是想從一二個同道的沙龍式的誦讀活動擴展開去，得到更多的幫助與反饋意見；三是

〔註47〕蹇先艾：《〈晨報詩刊〉的始終》，《新文學史料》1979年3期。
〔註48〕朱湘：《我的讀詩會》，《晨報・詩鐫》，1926年4月26日。

作爲先行者的朱湘本人一時也無法判斷幾位朋友的意見。〔註49〕附帶提一筆的
是，編者徐志摩還在文尾附了一個「附識」，稱「朱湘先生是最不苟且最用心深
刻的一位新起作者，他這初次讀詩會應分是新文學界的一個愉快！注意新詩的
人們不可錯過這機會。」正因爲新月派詩人的精英意識與土白入詩的考慮，他
們在方面進行的探索更爲積極。聲音上的和諧，音節節奏的建設特別是對音尺
觀念的重視，是當時關注的焦點。

　　接過新月派詩人接力棒的是三十年代活躍並佔據著平津文壇的京派作
家、詩人。沈從文在《談朗誦詩》一文中介紹過這一方面的情況甚詳，當時
有聲有色的主要是兩個讀詩會：一個在「朱光潛先生家裏按時舉行」，一個
是中國風謠學會在中南海進行，兩個讀詩會同時進行，可人員、對象、方式
大相徑庭。先說前者，從參加朱光潛家裏的讀詩會的詩人來看，有北大的梁
宗岱、馮至、孫大雨、羅念生、周作人、葉公超，廢名、卞之琳、何其芳，
徐芳等，清華有朱自清、俞平伯、王了一、李健吾、林庚、曹葆華等，此外
尚有林徽因、周煦良等人。「這些人或曾在讀詩會上作過有關於詩的談話，
或曾把新詩，舊詩，外國詩當眾誦過，讀過，說過，哼過。大家興致所集中
的一件事，就是新詩在誦讀上，究竟有無成功可能。新詩在誦讀上已經得到
多少成功？新詩究竟能否誦讀？」具體輪流讀時，「朱周二先生且用安徽腔
吟誦過幾回新詩舊詩，俞先生還用浙江土腔，林徽因女士還用福建土腔同樣
讀過一些詩。總結看來，就知道自由詩不能在誦讀上有什麼意想不到的效
力。不自由詩若讀不得其法，也祇是哼哼唧唧，並無多大意味。多數作者來
讀他自己的詩，輕輕的讀，環境又優美合宜，因作者誦讀的聲容情感，很可
以增加一點詩的好處。若不會讀又來在較多人數集會中大聲的讀，就常常不
免令人好笑。」關於第二個讀詩會，則是著力於民間詩歌的，參會者有胡適、
顧頡剛、羅常培、容肇祖、常惠、佟晶心、吳世昌、楊剛、徐芳、李素英等
人，讀詩會主要是新詩民歌的誦讀，還將民間小曲用新式樂器作種種和聲演
奏試驗。有時在集會過後一起到北平說書唱曲集中地——天橋去考察現代技

〔註49〕 朱湘的讀詩會沒舉行，但有人記載過他讀詩的腔調與方法：「他是用舊戲裏丑
　　　　角的某種道白的調子（我說不清這種調子什麼戲裏有）讀的；那是一種很爽
　　　　脆的然而很短促的調子。他讀了自己的兩首詩，都用的這種調子。我想利用
　　　　這種調子，或舊戲裏，大鼓書裏其他調子，倒都可行。只是一件，若僅用一
　　　　種調子去讀一切的新詩，怕總是不合式的。」見朱自清：《唱新詩等等》，《朱
　　　　自清全集》（第四卷），南京：江蘇教育出版社，1996年版，第223頁。

藝人表演各種口舌技藝的情形，他們通過收集、借鑒民歌、小曲、小調一類
民間藝術的「聲音」，來幫助現代詩音樂性建設。

除沈從文的記錄外，還有其餘當事者的一些回憶：「一直不曾忘記當時
李廣田曾用山東膠東口音朗誦他的《上天橋去》『上天橋去，天橋在哪
兒？……」〔註 50〕另外，周煦良的回憶文章也有一些片斷。周氏也是常去
參加北平讀詩會的人，據沈氏上文交代他還用安徽土腔試驗過音節，抗戰後
他到了大後方成都，一邊參加當時成都舉行的類似讀詩會活動，一邊對照當
時的讀詩會活動來提供經驗，〔註 51〕他說，有許多寫詩的朋友，我從來沒
有聽過他讀過一首詩，有時偶爾聽見讀到一兩句詩，那聲調還是像讀詞，在
沒有調平仄的詩句裏面做死做活找些平仄救急。前年在北平朋友開的朗誦會
上，聽一位詩人朗誦徐志摩的詩，也是這聲調，很難聽，總是把很長的詩句
先很快的讀過，後來感歎地把尾巴一拖。那天徐志摩好倒霉，這位讀過，又
有一位先生把他的詩照北平土話讀了一陣，聽起來簡直不是詩，簡直就是北
平土話了。……詩的朗誦無論怎樣，都應以詩的音律為基礎，而新詩的音律
直到現在還沒有建築起來。關心詩的朗誦問題的應從這方面入手；若祇是作
些更淺近更明白更短的詩句，以為就可以上口，美其名曰朗誦詩，未免把事
情看得太容易了。」〔註 52〕

抗戰發生後，在大後方各大中城市也舉行過讀詩會，但原始記載的不多，
據有人回憶，「抗戰初期，我在成都時常到劉開渠家裏開讀詩會。」〔註 53〕但
除了本人的自述外，還很少見到相關的資料。四十年代中後期的重慶詩壇，
沒有「讀詩會」名義但也有類似讀詩活動的，最典型的是當時年輕詩人沙鷗
大量寫方言詩，並讀給本地農民聽。重慶籍詩人沙鷗當時到川東農村體驗生
活，為追求特色大寫四川方言詩，並在當地農民家舉行過很多次用四川方言
誦讀四川方言詩的活動：「在一個偶然的機會下了鄉，恰恰碰到鄉下在死牛，
於是以一個五個大人六個小孩種十二石租的佃農家裏在年三十夜裏死了牛為

〔註 50〕段懷清：《「泉社」與「新詩座談會」》，《新文學史料》2002 年 4 期。
〔註 51〕據羅念生介紹，抗戰初期在成都，劉開渠家裏時常開讀詩會。見羅念生：《朱
　　　　湘·序》，孫玉石編：《朱湘》，北京：人民文學出版社，1985 年版，第 10
　　　　頁。
〔註 52〕周煦良：《詩的朗誦問題》，《工作》第八期，1938 年 7 月 1 日。
〔註 53〕羅念生：《朱湘·序》，孫玉石編：《朱湘》，北京：人民文學出版社，1985 年
　　　　版，第 10 頁。

題材寫了一篇詩,我便把這篇詩帶到這個佃農家裏去了,在這個家庭開了一個小的朗誦會,來聽的有八十歲老婆婆,中年的莊稼漢和小孩,我用著他們的語言慢慢的朗誦……他們聽得懂,因爲是他們的話;他們也感動了,老婆婆甚至流下眼淚來了,這是因爲復述了他們悲慘的生活,但他們對於詩還是很冷淡而不親切的。」(聽得懂而不喜歡聽)後來「還有幾次人數比較多的朗誦,但朗誦的人不是我而是出生在本地方的朋友,得到的結果也如上述。」〔註54〕除沙鷗之外,還有一些記載,如有論者建議把方言詩工作者「不妨將自己的作品帶到鄉下去朗誦給他們(指農民——筆者注)聽,這樣既得到結果,而且可以將我們作品的錯誤,趁此機會逐字逐句的刪改。我覺得這個工作是不困難,談到這裡就有一個現成的例子,一位方言詩工作者孫音就曾這樣工作過,他得到的成績很不壞」。〔註55〕

此外,筆者還在故紙堆裏找到一份讀者調查表性質的報告,〔註56〕在四川渠河一小城裏,有一個八九十人的分散性知識份子文藝團體,有些成員喜歡讀詩。他們喜讀馬凡陀的《馬凡陀的山歌》,沙鷗的《化雪夜》、《林桂清》,艾青的《吳滿有》,李季的《王貴與李香香》。尤其是後者,在小城裏一共有六本,讀者輾轉傳閱,已把它弄得破爛不堪了,並有百里外遠處的文藝青年借去閱讀。其次,以上四人的詩,曾經有人朗誦給農民聽過,他們對馬凡陀的山歌不大懂,對沙鷗的詩則說莫得山歌味道長,對艾青的《吳滿有》則是要勤扒苦掙才有辦法,又些字眼子還搞不清楚。農民對李季的《王貴與李香香》的朗誦,則高興極了。朗誦的人先把這詩的故事敘述了,然後再朗誦的,他們雖對詩中少數的方言還不懂,給他們解釋了,也就懂了,農民對這篇詩最喜愛,朗誦一次,還請求再朗誦,並還問著,真有這號事嗎?那才好,那才好!

總之,正兒八經的「讀詩會」或類似的讀詩活動,在小範圍內進行得較多,幾十年中也積累了一些經驗,雖然試驗的目的並不一致,但在聲音的詩學這一維度上憑藉的條件是一樣的,都以通過聆聽不同聲音,來判斷現代詩文字與聲音的關係。

〔註54〕 失名(沙鷗):《關於詩歌下鄉》,《新華日報》,1945 年 4 月 14 日第四版。
〔註55〕 雪蕾:《談談方言詩歌》,《時事新報·青光》,1946 年 7 月 2 日第四版。
〔註56〕 莊稼:《人民喜見樂聞的詩(報告)》,《詩創造》(土地篇),總 14 輯,1948 年 8 期。

三

　　除了上述「詩讀會」活動的回憶與記錄外，在民國詩歌史料上肯定零星存在著一些原始材料，限於本人掌握的資料所限，這裡不再多舉，也不補充。但我認爲總的趨勢主要不外乎以下二條：他們或是試驗音節、聆聽聲音，通過文人騷客式的精英化活動來相互切磋、磨礪，取得共同進步之意；或是尋找作品接受對象，把方言詩歌與下鄉結合起來，把民間的聲音還給民間。

　　接下來的共同問題是，用不同方言誦讀，能達到什麼樣的效果呢？整個現代詩語言的音節與土白本身的聲音有什麼內在關係？這裡僅從以下幾個方面作出一點探討：一是分析方言本身地域性的聲、韻、調差異，以及與此聯繫的音韻任意組合上的變化層次，這方面可以歸納於方言與聲腔這一概念上。其次是闡釋方言誦讀達到的效果以及可能存在的問題，主要從得失兩方面立論。

　　不同方言本身是自足的存在，不但有獨立自足的語音、辭彙與語法，而且語音內部聲、韻、調也完全獨立自主。我們綜合現代方言學知識，可以知道以下幾個方面的基本情況：一是就音值差異來說，每種方言的聲母和韻母數目不一，有的方言還有各自獨立的聲母與韻母，聲調方面和調型也不盡一致，這樣既影響聲母與韻母的組合方式與結果，又因音值差異導致音系的繁簡程度不一。概括起來，我國南方六大方言，聲韻調的數目多、變化大、靈活性強，無疑聲音本身及其變化也豐富複雜得多。二是音類差異，包括聲類差異、韻類差異和調類差異。如聲母差異方面聲母的清濁、塞擦音與擦音的分合均有獨特之處；韻母中「四呼」的分合，復韻母的轉化和輔音韻尾的存廢變化也不相同。三是音讀差異和音變差異，典型的是文白異讀，不同方言差異性大；方言中普遍存在的連續變調現象不一，變調的規律也不同。諸如此類，都產生形象性意義上的不同聲腔。正如聞一多所說「舊詞曲的音節並不全是詞曲自身的音節，音節之可能性寓於一種方言中，有一種方言，自有一種『天賦的』（inherent）的音節。聲與音的本體是文字裏內含的質素；這個質素發之於詩歌的藝術，則爲節奏，平仄，韻，雙聲，疊韻等表象。」〔註57〕

　　如果具體來論述的話，我們可以以個案方式進行生動的分析。不同聲腔可能對詩歌的雙聲、疊韻有獨特的認識，眾所周知，某些方言如湘方言，〔x〕

〔註57〕聞一多：《〈冬夜〉評論》，引自藍棣之編：《聞一多詩全編》，杭州：浙江文藝
　　　　出版社，1995 年版，第 361 頁。

與〔f〕、〔n〕與〔l〕相混淆。某些韻母的數量不一，韻母讀法不統一，這就使得某一聲腔下的聲音質地不同。也就是說，在用某種方音誦讀，不是雙聲的可能變成雙聲，沒有押韻的可能暗中押過韻。胡適在談論初期白話詩時的音節問題時，曾認爲陸放翁「我生不逢柏梁建宮章之宮殿，安得峨冠侍遊宴？」詩句中前面十一字中「逢宮疊韻，梁章疊韻，不柏雙聲，建宮雙聲，故更覺得音節和諧了。」隨後又舉沈尹默《三弦》爲例並認爲「旁邊」是雙聲，「段」與「土」、「彈」、「蕩」等是雙聲。〔註58〕此外胡適的另外一些著述，也提到類似的例子，這裡還舉一例，在「看他們三三兩兩，／迴環來往，夷猶如意！」兩句詩中，胡適認爲是通過雙聲疊韻的法子來幫助音節的諧婉，其中「夷，猶，意，雙聲；如字讀我們徽州音，也與夷，猶，意，爲雙聲。」〔註59〕今天以標準的普通話來看，這雙聲、疊韻就不完全正確，因爲它當時的判斷摻雜著他的方音背景，正是因爲這方音影響，不同聲腔下的聲音有不同的和諧效果。

聲、韻這樣，聲調的差別也可能使白話詩的字調、句調與語調在曲折婉轉、輕重緩急等方面有顯著差異與表現。語氣、語調的進行與延伸實際上是字調基礎上的有序化組合，通過交融、衝突來控制可能發生的音高音色的變化。各地方言的字調不同，相應對音調、句調、語調有一定的制約與反制約作用。連續音變現象的規則也不盡相同，因此誦讀白話詩的聲腔受到方言的影響，詩歌內在的韻律就必然首先貼近語言系統內部字詞本身的聲音特點。這裡不妨以地方戲曲作類比，研究地方戲曲的學者在論述戲曲聲腔與方言的關係時認爲：「中國語言是單音字，同音的字和辭比較多，聲音相近的字和辭更多，如果不咬清字，不分清四聲陰陽，就無法聽懂。因此在創腔、潤腔的時候，充分注意到唱詞的四聲趨勢，在這個條件下創作出旋律來。還不僅如此，中國語言中的方言是很多的，方言的重要特點之一是四聲的高低抑揚各自不同，爲了適應各地語言的觀眾的耳朵，同一劇種到了不同的地方就派生出不同的聲腔來。」〔註60〕其實這番話也可移用到新詩的土腔誦讀上來，方言最有標誌性的是地方語音特色和個性化聲腔，在一種土腔中，「聲腔可以隨

〔註58〕 胡適：《談新詩——八年來一件大事》，姜義華主編、沈寂編：《胡適學術文集‧新文學運動》，北京：中華書局，1993 年版，第 392～394 頁

〔註59〕 胡適：《〈嘗試集〉再版自序》，《嘗試集》，北京：人民文學出版社，1984 年版，第 188 頁。

〔註60〕 張庚：《戲曲藝術論》，北京：中國戲劇出版社，1980 年版，第 91 頁。

方言變，方言卻不肯隨聲音改」。〔註61〕因此每種土腔的基質不同，讀出的聲音也大異其趣、自成體系。

　　接著這一現象的是，我們對這一土腔讀法的聲音效果到底作何評估？我認爲土腔的介入肯定會出現不同的新質，像詩歌因言說方式不同而具有革命性意義一樣，聲音不同也有類似的功效。同一文本由來自不同方言的讀者來誦讀，和諧與否，婉轉與否，都是不一致的。比如雙聲、疊韻，比如字調、句調，本身構造都難以同一化，其間的抑揚頓挫、曲折流動便自然伴隨左右。好比地方戲曲流布過程中，其聲腔的變化與流派的成立有賴於各地方言一樣，不同聲腔的效果肯定是對該方言區特別親切，對豐富詩的聲音層次是有積極意義的。與此相聯繫的是，每一種方音與地域文化氣質相關，在聽覺辨別時都有蠻好聽的感性印象，富有某種難以言說的韻味與風采。只要不帶偏見去聆聽，都會被其中特殊的韻味所吸引所感染。一旦在聲音上出現變化，就意味著整個詩的聲音系統都被改造了。放大到聲音中心主義這一高度，這一影響更顯著，凸現的意義也更豐富。

　　從語音學與音韻學的角度來看，可以知道現代詩的方音誦讀，實際上是詩的一次內部革命，是一種審美再創造活動。它不是需不需要的問題，而是如何還原到大地，還原到聲音本身的問題。不過事實上，它一直沒有得到積極正面的肯定，一般論者僅抓住其缺陷而以偏概全，語音的歧視遮蔽了它的存在。比較以方言爲基礎的地方戲曲，對方言的去留就一直存在三種意見聲音：一種是堅持保留地方語音，一種是主張逐漸普通話化，一種是永遠的中庸來一個調和折衷。三種觀點都是共存的，沒有一種占統治的意見。對比之下，現代詩的方言誦讀，似乎還沒有爭取到應有的權益。事實上，它不但對現代詩的音節有啓示、開拓意義，而且對土白入詩的保留與發展也有參考價值。如果幾種意見在參差中互補生發，無疑有助於白話詩聲音詩學的多元建構。有論者曾試驗用方音誦讀古詩，發現「用泉州方音文讀音吟詠唐代律絕比起用普通話尤佳。唐之律絕，一般押平聲韻。一些唐詩用普通話誦讀不和諧，用泉州方音文讀音吟詠還是諧和的。」〔註62〕從方音的歷史繼承性看，地域性聲音的生命力竟然如此持久、堅韌！可觸類旁通的例子還有民歌，其

〔註61〕游汝傑主編的《地方戲曲音韻研究》，北京：商務印書館，2006 年版，第 1
　　　　頁。另外本節個別地方參考了此書，特此說明。
〔註62〕黃炳輝：《泉州方音與唐詩吟詠》，《華僑大學學報》1997 年 1 期。

起源都侷限於一定地域與當地方言，其中只有少數後來流行到全國，但大部分仍帶有地方性，爲某一具體地域服務，源源不斷地提供有意義的聲音。因此，白話詩本身與方言的密切聯繫，與誦讀上的不同聲腔，有某種一致性，它與大地母親的生命默默契合，實在不應被忽視。

綜上所述，鄉音、土腔的誦讀，在讀出來的聲音效果上，有顯著而獨特的差別，也相應產生顯著而獨特的魅力。這種有差異的聲音，往往有意想不到的審美根性。我們不能說哪種聲音是唯一正確、高級的，哪一種是錯誤、低級的。從整體而言，語言本身是動態的概念，不同誦讀方式、聲音模式形成獨特的節奏、風格，它本身的多樣性、豐富性，有利於詩歌多元化的發展趨勢。

四

白話詩催生不同情感取向的「讀詩會」，它留下了試驗的園地，更重要的是鼓勵了嘗試的精神。像地方戲曲的語言一樣，現代詩語言的白話化有必要在聲音層面上呈現豐富多彩的原生態面貌。有主調，還要有地方色彩相配合，才能構成一種貼近土地、貼近本眞聲音的聲音的詩學。各種質地的方音，在雅俗之間穿梭，在大地之上蔓延，形成一種以某一聲腔爲主並與各地方音聲腔相交錯、融彙的局面，這樣，才能既保證不同聽覺系統的審美需求，又使白話詩口語化眞正保持長久而不竭的生命活力。

第三節　「新詩中的新詩」：論朗誦詩及其運動

民國詩歌史上的朗誦詩及其運動，主要在抗日戰爭語境下產生並成長起來，它在當時幾乎成爲現代詩的主潮，推動詩歌不斷走向大眾化、民間化與歌謠化。對朗誦詩如何評價、定位，學界意見並不統一，其中既有梁宗岱式的極力否定、嘲諷之聲，也有艾青、柯仲平、高蘭等積極肯定的讚賞之言，還有眾多較爲中肯的得失之談。在客觀評價陣營裏，當時有一個饒有意味的概括，就是譽之爲「新詩中的新詩」。

此說最先來自朱自清的論述。朱自清承認心裏是慢慢接受朗誦詩的，他說：「似乎適於朗誦的詩或專供朗誦的詩，大多數是在朗誦裏才能見出完整來的。這種朗誦詩大多數只活在聽覺裏，群眾的聽覺裏；獨自看起來或在沙龍裏念起來，就覺得不是過火，就是散漫，平淡，沒味兒。對的，看起來不是

詩，至少不像詩，可是在集會的群眾裏朗誦出來，就確乎是詩。這是一種聽的詩，是新詩中的新詩。」「朗誦詩是群眾的詩，是集體的詩。寫作者雖然是個人，可是他的出發點是群眾，他祇是群眾的代言人。」〔註63〕無獨有偶，事隔十餘年，李廣田在一篇文章裏談到朗誦詩時說：「今天的朗誦詩，是從抗日戰爭以來，一直發展下來的一個新運動，而這一運動是適應了現實的大眾要求而產生的。今天的朗誦詩，它既不配舞，也不配樂，既不是關在書齋裏的自賞，也不是沙龍中少數人的共賞。朗誦詩的作者必須是群眾之一人，而詩朗誦的對象也必須是群眾，因此，它有它自己的特質，它有它自己存在、發展的社會根源。……朗誦詩是詩的一種，除朗誦詩之外，還有非朗誦詩，朗誦詩不一定全好，不能朗誦的詩也不一定全壞，然而朗誦詩是新詩中的新詩，是詩中的新生命」。〔註64〕

　　兩位論者的話，都將朗誦詩作爲特定時代產生的有獨特審美的詩歌看待，認爲是「新詩中的新詩」。但它到底以什麼樣的資歷來佔據這一位置呢？它比新詩又「新」在哪裡，如何不斷催生「新」的因素？本節試從以下幾方面著眼：一是朗誦詩及其運動歷史的簡要回顧與梳理；二是朗誦詩作爲「朗誦」與「詩」的聯姻，「詩」中體現的語言特色，以及與「朗誦」相關的如何朗誦、聲音如何等問題。三是以若干具體個案（這裡選擇柯仲平、高蘭；四川方言詩人沙鷗、王永梭等人），探討一下朗誦詩及其運動的緣起、美學形態與詩學分歧。

一

　　朗誦詩在民國詩歌史上能形成一種蔚爲大觀的運動，顯然有歷史與時代背景。1931 年中國左聯執委會的決議中提出這一主張，中國詩歌會詩人在理論上做了一些探討，但當時沒有形成大的氣候，沒有付諸大規模的行動。到了 1937 年蘆溝橋事變後，由於抗日救國這一全民族的戰爭語境，它又被重新提出並且得到了迅速的發展。中日戰爭全面爆發後，作爲當時大後方之一的重鎮武漢，掀起了朗誦詩運動的帷幕：見諸今天各種文字資料的史實是 1937 年 10 月 19 日在武漢舉行的魯迅逝世周年紀念大會，在這次活動中，演員王

〔註63〕朱自清：《論朗誦詩》，《論雅俗共賞》，北京：生活・讀書・新知三聯書店，1998 年版，第 46 頁。
〔註64〕李廣田：《詩與朗誦詩》，《李廣田文學評論選》，昆明：雲南人民出版社，1983 年版，第 305～311 頁。

瑩朗誦了高蘭的《我們的祭禮》，柯仲平朗誦了挽詩，反響很大，詩朗誦活動從此在武漢三鎮熱烈展開，柯仲平、高蘭、王瑩、穆木天、蕭紅都是當時朗誦詩活動的提倡者或組織者。國統區在 1938 年 10 月漢口失守之後，多數文藝工作者湧向戰時陪都重慶，在山城掀起聲勢浩大的朗誦詩運動，經過近兩年的醞釀，現代詩朗誦運動逐漸走向高潮，1940 年 11 月 24 日，中華全國文藝界抗敵協會召開了「詩歌朗誦隊」成立大會，參加者有郭沫若、老舍、艾青等 60 餘人。詩歌朗誦隊成立後，一系列的詩歌朗誦活動有組織地、定期或不定期地連續舉辦，主要在大型的集會、祝壽、晚會上進行。1941 年開始又舉行一年一度的詩人節，朗誦詩運動是保留節目。在大後方，朗誦詩運動的影響還逐漸波及到另外一些大中城市，如桂林、昆明、成都，香港等地。關於這一切，當時著名詩人，也是朗誦詩的參與者艾青，對抗戰中湧現的最主要詩歌活動——詩朗誦和詩晚會——作了如下概括：

> 「在武漢舉行過幾個詩朗誦，主持的是錫金等；桂林舉行過好幾次詩朗誦，以『文學晚會』的名義召集，第一次的對像是知識青年，救亡工作者，文化人；參加的人數極多……第二次賣票，舉行義賣獻金，也滿座……香港也舉行朗誦，聽說徐遲的《最強音》效果很好。

> 重慶經常舉行詩歌座談會，詩晚會，進行詩朗誦……最近並成立了『詩歌朗誦隊』，擴大了詩歌朗誦運動。」〔註65〕

與朗誦詩風頭媲美的恐怕只有街頭詩了，此外如明信片詩，詩標語、賀年片詩，慰勞詩，大眾合唱詩，都是在抗戰中應運而生的新形式，詩人們把觸角伸到更廣大的地域，不再以在客廳吟誦為滿足，相反以在廣大群眾中間朗誦為榮。艾青的這一概述，加上活躍的高蘭、臧雲遠等人提供的詩朗誦活動資料，差不多就是國統區這一情況的大致概括了。

與國統區不同的是，在解放區延安，在柯仲平主持下的「戰歌社」，接過了柯氏在武漢朗誦詩的火炬，在延安為軸心的廣大解放區、敵後根據地等鄉村土地上，一邊開展街頭詩運動，一邊轟轟烈烈開展著朗誦詩運動，曾經在一個時期內宣佈「以開展新詩朗誦運動為中心工作」，並在 1938 年 1 月 26 日舉行了第一次詩歌朗誦晚會，雖然舉辦的活動不甚成功，但意外的是得到了毛澤東與黨中央的支持與首肯，毛澤東當時一直坐到散會，鼓勵詩朗誦的作者「新詩朗誦

〔註65〕艾青：《抗戰以來的中國新詩》，《中蘇文化》第 9 卷 1 期，1941 年 7 月 25 日。

運動是有光明的前途的。」〔註66〕毛主席的支持估計是看中這種形式的政治與
現實意義，從中發現可以吸引大眾、鼓舞大眾、團結抗日等時代內容的東西，
這一形式顯示了它當初意想不到的意義。後來也許是受此影響，則「幾乎每周
都舉行一次詩歌朗誦會」，〔註67〕變成了一個群眾性日常節目。

　　總而言之，在抗日烽火的洗禮下，朗誦詩運動此起彼伏，雖然一度有過
低潮時期，但一直有運動的痕迹與軌跡，一直延伸到第三次國共內戰時期，
仍充當了新詩主潮之一。〔註68〕此外在朗誦詩開展的同時，詩人在創作與理
論上都有所貢獻，不僅有高蘭、徐遲、柯仲平、艾青等詩人的優秀詩作，還
湧現出一大批朗誦詩理論探討者：上一節曾論述過的參加讀詩會的詩人，如
柯可、梁宗岱、沈從文、周煦良等人附帶提及的觀點，支持、總結這一運動
本身的詩論者如高蘭、徐遲、陳紀瀅、錫金等人，都有相關的論述。

二

　　在運動中消長的「朗誦詩」，作為「朗誦」與「詩」的聯姻，「詩」中體
現了什麼樣的語言特徵呢？與「朗誦」相關的問題是，它當初又是如何朗誦
的，其聲腔到底是什麼模樣？

　　「由於朗誦詩的發展，詩的音韻問題又被提出來了。這是新文學運動初期
曾經討論過的問題。現在雖似是舊話重提，但卻有現實的發展根據。」〔註69〕
朗誦，是一種訴諸於聽覺並因人而異的藝術，不同的人群，聲腔上與聽覺上的
差異是顯而易見的。在詩朗誦上，據我看來經過了兩種類型：一種類型針對寬
泛意義上的知識份子隊伍，如文藝工作者、文藝青年、大中學生、大中城市市

〔註66〕見沙可夫、柯仲平、駱方三人在《關於詩歌民歌演唱晚會》一欄中的文章，《戰
　　　　地》1 卷 3 期，1938 年 4 月。

〔註67〕仲源、若亞：《柯仲平事略》，《柯仲平紀念文集·（二）研究卷》，昆明：雲南
　　　　人民出版社，2002 年版，第 161 頁。

〔註68〕1948 年，郭良夫曾說「今天的詩，照大家公認的朗誦詩是主調。這現象就說
　　　　明了今天中國新文藝一個共同特質：它排除過多的想像，逕直直白新聞所見
　　　　所感受，所傾向。」見《新詩問題》，《新生報·語言與文學》，第 84 期，1948
　　　　年 5 月 25 日，引自張國風編：《清華學者論文學》，北京：清華大學出版社，
　　　　2001 年版，第 308 頁。

〔註69〕鄭伯奇：《略談三年來的抗戰文藝》，原載《中蘇文化》「抗戰三周年紀念特刊」，
　　　　1940 年 7 月。引自樓適夷主編：《中國抗日戰爭時期大後方文學書系·第一編
　　　　文學運動》，重慶：重慶出版社，1989 年版，第 548 頁。

民等等；第二個類型是以不識字的文盲或半文盲居絕大多數的農民與兵士這一群體。在語言運用上，也相應有不同的處理方式。針對前者，可以是流行的藍青官話，在詩作上也就是用日常生活化的詩句，講究修辭、氣勢和演出效果。對於後者，則似乎遇到了難題，現代詩作為個人化體驗最濃厚的文體，要它走向街頭走向農村，達到下鄉入伍的目的，不得不重新考慮它與自然鄉村、工廠、戰地、街頭廣大受眾的客觀因素。這一受眾群體特別龐大，對藍青官話聽不懂，也不願聽。要想宣傳、鼓動、教育他們，那就只能入鄉隨俗圍繞受眾考慮了，於是在語言上只能是口語化、通俗化、大眾化，走群眾底層路線。〔註70〕但如何「口語化」呢？那群眾的口語又是什麼貨色呢？直接來說那就是不同地域上的不同方言。

雖然有方言入詩的小傳統，但純粹以各地方言來支撐朗誦詩及其運動，並不是那麼容易「焊接」得上的。關於這一點，當時的論者也有多少不等的論述：馮乃超認為「提倡朗誦詩，並不是復古，它是對於僵死了的語言的叛逆，過去的詩，很難念……難念而且難懂，朗誦詩就是對於這種新詩的反動」，〔註71〕他在《時調》創刊上的宣言是「讓詩歌的觸手伸到街頭，伸到窮鄉，／讓它吸收埋藏在土裏未經發掘的營養，／讓它啞了的嗓音潤澤，斷了的聲

〔註70〕這裏有一份真實的材料，似乎可以用來參照，周作人曾在抗戰前（1934 年 12 月）從北平城裏去了一趟農村，在瞭解衣食住行及衛生、教育情況後，深有感慨：「其次，我們看了一下農村的情形，得到極大的一個益處，便是覺悟中國現在有許多事都還無從做起，許多好話空想都是白說，都是迷信。定縣在河北不是很苦的縣分，我們不過走了幾個村莊，這也都是較好的，我們所得到的印象卻只是農民生活的寒苦。……我對於農村問題完全是門外漢，見聞記錄或亦難免有誤，而且這些情形並非定縣所特有，在別外大約很多，有些地方還有加倍寒苦者，這些道理也都承認，但是即使如此，即使定縣的農民生活在中國要算是還好的，我的結論還是一樣，或者更加確信，即是中國現在有許多事都無從說起。我是相信衣食足而後知禮義的說法的，所以照現在情形，衣食住藥都不滿足，仁義道德便是空談，此外許多大事業，如打倒帝國主義，抗日，民族復興，理工救國，義務教育等等，也都一樣的空虛，沒有基礎，無可下手。我想假如這些事不單是由讀書人嚷嚷了事，是要以民眾為基礎的，那麼對於他們的生活似乎不可不注意一點，現在還可以把上邊的空話暫時收起，先讓他有點休息的時間，把衣食住藥稍稍改進，隨後再談道德講建設不遲。」見周作人：《保定定縣之遊》，周作人著、止菴校訂：《苦茶隨筆》，石家莊：河北教育出版社，2001 年版，第 137～138 頁。

〔註71〕見《抗戰以來的文藝活動動態與展望（座談會紀錄）》，原載《七月》第 7 期，1938 年 1 月 16 日，樓適夷主編：《中國抗日戰爭時期大後方文學書系‧第一編文學運動》，重慶：重慶出版社，1989 年版，第 165 頁。

音重張，／讓我們用活的語言作民族解放的歌唱！」茅盾看了《時調》後，認為「詩歌這東西，當其尚在民間野生的藝術時，本來是『口頭的』，它的變爲『非朗誦』，是在承蒙騷人墨客賞識了以後。現在我們是還它個本色，所以詩歌朗誦運動就是詩歌大眾化的一個方式」。〔註72〕華飛認為「應該把地方語言充分表現在詩中」；〔註73〕鍾敬文主張「從民眾的口頭去學習活潑的語言」；〔註74〕艾青在《詩的散文美》中認為「從欣賞韻文到散文是一種進步」，並依此邏輯提出新型的「口語」觀。綜觀以上各種觀點，「活的語言」、「地方語言」、「民眾口語」之類，是當時喊得響亮的口號，當時在這些主張下，事實上也不乏修改文人化色彩較深的詩句的例子，把文人化的詩句按口語化的原則修改，把詩中不明白的個別字眼適當改動以合乎朗誦之需，如把「白鴿飛翔在朱簷間」改成「白鴿飛翔在朱紅的屋檐間」，「雪白的長髯」改成「雪白的鬍子」，「硝煙」改成「火藥煙」；又如田間的《參謀會隨筆》中把「百鳥之合唱」改爲「百鳥在合唱」，諸如此類。〔註75〕這樣力求顯得「上口」、「順耳」一些。

如果說前者還遮遮掩掩的話，還有不少論者直接涉及到了「口語化」等背後的東西，他們在運用口語等概念或主張時，落實到可以直接運用方言土語。如高蘭認為「在中國今日而言詩，別的姑且不說，若是爲朗誦而作的詩，卻非通俗不可。我覺得假如朗誦給文盲大眾聽，還不僅是通俗化，更要口語化。同時因了配合特殊的環境，必要時還可以用方言土語，才能發揮其更大的效能」；〔註76〕陳紀瀅認為「文字必須通俗化」，因爲「是朗誦給一般文盲大眾聽，所以文字必須口語化（可以用方言）」；〔註77〕王冰洋認為「目下最

〔註72〕茅盾：《《時調》》，《茅盾文集》（第九卷），北京：人民文學出版社，1961年版，第307頁。

〔註73〕李華飛語，此外他還主張詩應走敘事詩的路子，要風趣。見《我們對於抗戰詩歌的意見（詩歌座談會）》，原載《抗戰文藝》3卷3期，《中國抗日戰爭時期大後方文學書系·第二編第二集理論·論爭》，重慶：重慶出版社，1989年版，第1091～1092頁。

〔註74〕鍾敬文：《詩的話》，原載《詩創作》第3、4期合刊，1941年9月18日，《中國抗日戰爭時期大後方文學書系·第二編第二集理論·論爭》，重慶：重慶出版社，1989年版，第1099頁。

〔註75〕參見徐遲：《怎樣朗誦詩》，見高蘭編：《詩的朗誦與朗誦的詩》，濟南：山東大學出版社，1987年版，第120頁。

〔註76〕高蘭：《詩的朗誦與朗誦的詩》，《中國抗日戰爭時期大後方文學書系·第二編第二集理論·論爭》，重慶：重慶出版社，1989年版，第1157頁。

〔註77〕陳紀瀅：《序〈高蘭朗誦詩集〉》，高蘭編：《詩的朗誦與朗誦的詩》，濟南：山

大眾化口語化的詩，仍祇是文人書齋內的大眾化口語化，廣大群眾仍不瞭解」，解決的辦法是「第一必須由口頭之朗誦眞能表現作者要表現的東西，第二必須儘量使用群眾自身所通用的活的語言」。〔註78〕音樂工作者呂驥從音樂性角度提出：「詩歌要適於朗誦，必定要口語化是毫無疑問的，僅僅口語化我以爲還不夠，因爲我們現在的詩人很少，不是說的少數人（知識份子）所說的貧弱的口語，我們必須學習大多數人所說的流行於各地的土話，語彙最豐富，又最活潑有生命的，大多數人所熟悉的一種語言。詩歌土話化以後才能更接近群眾，在通俗化這方面才能獲得更大的效果，是不僅僅對於朗誦有利的。」〔註79〕可惜這樣的主張沒有得到更多的反響與呼應。

富於歧義的活語，零星提倡的方言，已傳達了一種重視民間的聲音，但眞正深入最底層民眾、兵士的朗誦詩，仍然不多。那些今天詩史上流行較廣的詩篇，也祇是在較寬泛意義上的知識份子受眾群體中得到認同與歡迎。以至臧克家在總結抗戰八年來的詩歌時不無感慨地說，詩人做了衙門的文化清客，長詩似乎也失敗了，而且「抗戰初期的朗誦詩是好的，因爲它走向街頭，走向農村，走向前方。後來變成了文化沙龍的點綴，不管什麼集會都有朗誦詩，實在沒有什麼意思。」〔註80〕

不過，四十年代中後期一些沒有進入主流的詩人，如四川方言詩人沙鷗、野谷、老粗等人，還有後來以諧劇聞名的王永梭（在一般的現代詩歌史書寫上幾乎從沒有提到此人）倒有一些新的嘗試。沙鷗在40年代中期到川東農村體驗，從「艾味」轉到「川味」，以四川方言詩作爲突破口，並在當地農民家舉行過很多次用四川方言誦讀四川方言詩的活動（參見本章第二節），〔註81〕在重慶詩朗誦的活動晚會上，據人記載他的《王大爺》方言詩，由一位小姐用十足的四川語朗誦，博得掌聲不少。〔註82〕除沙鷗之外，還有一些記載，野谷、老粗在《活路》上寫通俗易懂的方言詩，也下鄉開展過一些以方言詩來宣傳、鼓動民眾的活動。

東大學出版社，1987年版，第31頁。

〔註78〕 王冰洋：《朗誦詩論》，高蘭編：《詩的朗誦與朗誦的詩》，濟南：山東大學出版社，1987年版，第80頁。

〔註79〕 呂驥：《從朗誦說起》，《戰地》1卷1期，1938年3月。

〔註80〕 臧克家在一次座談會上報告八年來的詩歌所言，見梅林記錄：《關於「抗戰八年文藝檢討」——記一個文藝座談會》，《文藝復興》1卷5期，1946年6月。

〔註81〕 失名（沙鷗）：《關於詩歌下鄉》，《新華日報》，1945年4月14日第四版。

〔註82〕 雪蕾：《談談方言詩歌》，《時事新報·青光》，1946年6月29日第四版。

三

　　這裡具體選擇高蘭、柯仲平、光未然、沙鷗、王永梭等人爲個案，仔細探討一下朗誦詩本身形式及其語言上的區別。從朗誦詩來看，大致有以下兩種路數出現，一種是文人化的，主要是講究鋪敘、排比，拒絕新穎的隱喻，如艾青、徐遲、高蘭等人；一類是純用方言，順口溜、山歌小調，如沙鷗、王永梭等人。事實上，前一類人的詩歌地位要普遍高於後者。

　　先來看前一類。這一批詩人把朗誦詩看作新詩大眾化的最爲重要的途徑與方式，從二十年代的平民主義到左聯時期的大眾化理論倡導，白話詩與平民大眾相結合一直是難以實現的理想，這中間有過土白詩，方言詩，歌謠化新詩，國防詩歌等各種口號與嘗試，然而對一般群眾還是相當陌生，或者也是出於有趣或滑稽而引起大眾的注意。但儘管這樣，詩人們一直沒有放棄自己的責任，抗戰成了行動的有利理由，現代詩因抗戰而新生，如中國詩歌會的幹將穆木天最初是朗誦詩的提倡者，對高蘭、柯仲平等人當時的朗誦詩運動有過鼓與呼，認爲詩朗誦運動與大眾化運動是一致的，甚至是達到大眾化的最佳途徑。與此相適應的是，在語言、文字方面都是以「口語化」或類似的主張，但他們在理論與作品上存在距離，「活的語言」也只能達到素樸、明快等語言表達層面上。同時爲了達到吸引聽眾的效果，採取的方式一般借助鋪陳、排比、押韻等手段。要想在大庭廣眾之下抓住聽眾的注意力，力求聽眾對詩的內容有一個漸進熟悉的過程，所以必須在氣勢、情感、內容、敘事上征服聽眾，排比句式、故事情節、押「洪亮級」韻成了普遍運用的技巧，如高蘭的《哭亡女蘇菲》、《我的家在黑龍江》，艾青的《火把》，光未然的《黃河大合唱》等都是這一模式的書寫。下面依次看高蘭《我的家在黑龍江》和光未然的《黃河大合唱》。從詩節音韻設置來看，高蘭的詩講究參差錯落的排列，但他力求視覺刺激，在聲音上體現不出優勢。這首詩從對家鄉人民的無窮苦難的傾訴中逐層展開，感情越來越激動，具有迴腸蕩氣的效果，當尾聲唱出抗爭的力量時，全詩達到高潮，在朗誦者聲淚俱下的悲痛中，流亡群眾的呼天搶地之聲被真切地釋放出來。這首詩以熱愛鄉土，鼓舞人民堅持抗戰爲基調，突破了當時流行的流亡詩中過分哀怨悲傷的情調，令人耳目一新，這首詩很快傳遍了國統區，傳遍了全國。光未然的詩，主要歌頌母親河——黃河，氣勢豪邁、格調粗獷，在高度抽度的描述中，融貫著一種民族的原始力量，在主題上吻合了拯救國家、保衛母親河等宏觀命題。這兩首詩都有共

同的特點，一是一氣貫之，抑揚頓挫，扣人心弦，給人以鼓舞與力量；二是都有鋪敘成分，或句式重複、復遝，內容上也逐層深入、擴大，以加深聽眾的印象；三是均押「洪亮級」韻，高蘭的詩，像他的絕大多數朗誦詩一樣，整首詩通韻，沒有換韻，哪怕是幾百行的長詩；光未然的則有換韻較多，換的韻比較接近。這些詩篇，現在朗誦起來，也是不可多得的精品。鋪敘、誇張、層層深入，又講究表演的性質，這類詩都能在城鎮一級的大中城市得到較為積極的反響，在兵營也有影響，但在具體的農村，還達不到農人的心靈深處。

在農村能夠朗誦的朗誦詩運動則集中在大後方，西南官話方言是優勢方言，代表性的詩人是沙鷗，演戲的王永梭也穿插四川方言詩朗誦。他們土生土長在蜀渝一帶，語言環境非常熟悉，寫起來也很順手。鋪敘、排比、誇張、押洪亮級韻腳的藝術手段則換成了講究故事、情節，啓用當地農民語言。朗誦詩走向故事化、人物化、方言化。如沙鷗在四十年代的所有詩作，幾乎都是用四川方言寫成的，作品之多，數量之大，時間之長，在民國詩歌史可以說僅此一人。他的方言詩集《林桂清》幾乎都是一些長篇敘事方言詩，語言是地道的川語。在一般的詩歌史上幾乎不提的王永梭，〔註83〕據資料介紹，王永梭為四川本地人，國立戲劇專科學校畢業，1939 年開始創作《諧劇》，1941年始創作方言詩朗誦。後一直從事這兩項工作，其「諧劇」較為有名，方言朗誦詩也有近 200 首（其中包括 1949 年後創作的且數量居多）。〔註84〕方言朗誦詩用於抗日救亡宣傳，通過舞臺演出達到街頭宣傳效果。作者把他納入曲藝範疇。「它是用『方言』寫的通俗的『敘事詩』」、「有完整的人物故事和情節矛盾，具有詩的一般素質——意境、潛臺詞、精煉的語言，形象化和音樂美……從朗誦著眼，進一步的詩歌通俗化，形象化，故事化。」〔註85〕就其中方言地域而言，沒有超出四川方言範圍。這一方言朗誦詩，本是為諧劇專場演出，幕間換場使用，後來則專門研究、創作，自成一格。如《阿 Q 正

〔註83〕在鍾敬文主編的《中國抗日戰爭時期大後方文學書系·第九編通俗文學》卷裏倒有他的名字及相關情況介紹，其中獨佔「方言朗誦詩」專欄，欄目中有他的兩首方言朗誦詩《祥少爺》與《矮麼姑》（每首詩各 32 節，每節 4 行），「諧劇」專欄也屬他專有，共四篇諧劇。

〔註84〕據王永梭生平簡介，資料來源見江潤媛編：《王永梭文集》，成都：四川文藝出版社，2000 年版，此外本文所引方言朗誦詩作品，均見此書。

〔註85〕王永梭：《「方言朗誦詩」的創作與表演》，江潤媛編：《王永梭文集》，成都：四川文藝出版社，2000 年版，第 235～236 頁。

傳》、《矮蘑姑》、《作家感傷篇》、《弟兄行》等便是。請看節錄的以下二部分：

這個傢夥喝了酒，／場口邊去賭牌九，／贏了他不走，輸完才歇手。／／有一回，真倒楣，／他剛贏了錢，／別人就打捶，／打來只見票子飛，／結果阿Q最吃虧，／票子不見了，／眼睛腫一堆，／他想道：「龜兒不懂『新生活』。／隨便動手就犯規。」──《阿Q正傳》（根據魯迅小說改寫）

有位老作家，人人知道他，／辛苦三十年，有功於國家。／／著過多少書，寫過不少字。／爲了多少人，做了多少事。／／平生大缺點，祖宗沒遺產。／說得通俗點：是個窮光杆。／／雖然人很窮，文章可不同，／字字如金石，叩來響叮咚。／／…………──《作家感傷篇》

前一首源自改編現代小說，魯迅小說的故事梗概，在王永梭的同題方言朗誦詩裏基本都包括，以上摘引的僅是阿Q賭錢的情節，用韻文說唱、味道不同。方言詞語的摻雜、人物心理的剖析、粗俗口語的調適，又加上改編時「地保」改爲「保長」，以及涉及「新生活」內容，折射出一定的時代信息。第二部分係 1944 年從報上聽到戲劇家洪深在北碚服毒自殺（後來得知報導有誤）、報上報導救濟貧病作家等活動而寫，內容充實、節奏明快、語言粗俗，倒是適合於敲著節拍朗誦。

　　由文人化而方言化，不斷深入中卻缺乏厚實的後援和新生力量，因此整體上還侷限於學生與知識份子群體，如重慶的朗誦詩活動，如王永梭給學校學生的包場演出。爲什麼不能大面積地普及到農村腹地中去呢？在我看來它缺乏像地方戲曲那樣的深入方式。〔註 86〕地方戲曲最顯著的特徵是方言，不同聲腔是隨著各地不同方言而改變，所以要想流行到哪一地域就必然適應當地的方言。如藏戲長期在青海藏區流行不起來，就是因爲所使用的方言與青海藏語安多方言不同。安多方言沒有聲調，在方言中特別，20 世紀 40 年代以後使用安多方言的安多藏戲出現後，隨即普遍流行於青海地區。又如一種地方戲曲的聲腔從起源地流傳到另一地時，往往結合當地的方言、民歌和民樂而發生衍變，造成聲腔的新派別，沿用土俗，入鄉隨俗成爲慣例。「各地方言的差異，造成同一聲腔內部出現許多不同流派。這些流派的分佈與方言分佈

〔註 86〕這裏的材料引自此書，游汝傑主編：《地方戲曲音韻研究》，北京：商務印書館，2006 年版。

在地域上自然存在重疊關係。」〔註 87〕同樣道理，要想朗誦詩及其活動大面積普及到農村去，就必須像地方戲曲一樣沿用土俗，用當地的方言書寫與朗誦，才能從根本上解決問題。只有依照方言改造聲腔，白話詩才能真正達到民間化、大眾化的腹地。

四

朗誦詩及其運動延續在民國文學史上數十年，它常常成為詩壇的中心話題，並逐漸成為現代詩歌大眾化的重要方式。朗誦詩主要訴諸聽眾的耳朵，如何讓底層民眾聽得懂、喜歡聽，並不是一件容易的事。通過鋪敘、排比，或靠故事、情節來打動聽眾，是其中的條件之一。從朗誦詩運動或隱或現的民國詩史實際來看，它積累了一些經驗，值得借鑒總結。

從語言層面考察，我們仍不難發現它取得的進展還相當有限。當時名為群眾化，大眾化，口語化，但實際上仍局囿於小知識份子圈子之內，遠遠沒有像地方戲曲一樣深入廣大農村與億萬群眾中間。表面熱鬧的新詩大眾化、民間化，究竟能抵達哪一個程度，朗誦詩運動到底能不能產生深刻而廣泛的社會影響，其根源還是落在如何處理語言與聲音的關係上。由此看來，把它定為現代詩發展最主要的方式，譽之為「新詩中的新詩」名實難符。朗誦詩運動與政治結合近，而與方言結合遠，是其中根本原因之一。

〔註87〕張庚：《戲曲藝術論》，北京：中國戲劇出版社，1980 年版，第 193 頁。

第六章　方言入詩與去方言化

　　方言入詩與現代詩的去方言化，一方面既關係到方言因素在現代詩中的去與留，也牽涉到現代詩語言價值取向上的雅與俗。另一方面，這一過程既是其合法性論爭的主要導火線，還是現代詩何去何從與如何面對未來書寫的重要環節。

　　在白話詩正統以立之後，它的歷史形象通過不同時期各具異彩的詩人與作品獲得了豐富細膩的塑造。然而這一形象並不穩固，而是包含著不斷的侵襲、腐蝕與補綴，處於不斷的調整與修正之中。處於雙重合法性危機下的方言入詩，更是處於不同歷史時期詩學論爭的風口，新／舊、白話／文言、方言／白話、詩／非詩等諸如此類的二元對立與更疊彼此起伏。其中，現代詩的方言化與去方言化，呈現兩極化趨勢。而針對這一現象的各種意見，有的來自於社會習俗與意識形態層面，有的來自於雅言傳統與古典詩歌傳承，有的來自於閱讀習慣與審美程式，影響所及，對方言入詩的接納呈現出極爲複雜的狀態。總之，由白話詩方言化與去方言化引發的合法性及其論爭，以及由此而隱含的重新合法化構建一路延伸，持續著跨進新的歷史時期。

第一節　現代詩集版本變遷中的方言因素

　　白話詩作品在發表刊登、結集面世的過程中，普遍存在這樣一種現象：即重版過程中因作者出於各種原因考慮而有不同程度的刪削、修改，以致出現了不得不正視的版本問題。另一方面，學界對現代詩歌版本問題的忽視由來已久，成爲薄弱環節，以至於在各自進行學術研究中造成某種對話的歧義與含混。顯

而易見，扭轉對版本意識的欠缺與滯後局面，已成爲一個較爲關鍵的問題。

就現代小說而言，曾有學者以八部長篇小說爲個案，嘗試了現代小說中的版本校評：即通過對校與闡釋，梳理總結它們版本變遷的內容、脈絡及特點、規律，並結合版本批評與文本批評，做出歷史的闡釋，這一成果被認爲塡補了中國現代文學、現代小說研究中的一項空白；作者還認爲繼續校評是一項刻不容緩的學術工程。〔註1〕在現代小說領域這樣，在其他文體如現代詩歌研究中，也存在類似問題。本節無意於就現代詩歌版本變遷作全面的考察與評校，只就其中涉及到的「方言入詩」這一側面，在其版本變遷中如何浮沉來略作論述。

一

現代詩人一生的創作活動中，面臨的一個主要問題是關注其作品的傳播與流布。在這一流程中，作品在社會上產生的影響如何，結果怎樣，是否需要自身做出某種調整來配合，都很重要，這些事情之所以不能忽略，是因爲它既客觀存在又影響甚大。在民國詩歌史上，一般情況是詩人的作品除了在同仁朋友圈子裏交流傳閱外，大多樂於看到自己的作品在各類報刊雜誌刊登、轉載，整理成冊後交出版機構出版、發行，總之經歷了一個向公共空間輾轉流布的過程。在這動態變遷中，詩人出於不同原因考慮而在作品重新刊佈時加以修改刪削，輕則剪枝除葉、重則施以斧鋸，結果前後文本不一甚至於面目全非。

把最初在報刊雜誌上發表過的零散詩篇收集在一起合訂爲一冊時，所添加的調整與斧削異常複雜多變，現在一般都因原始報刊資料缺失而難以得到認眞的清理。〔註2〕後來刊行的彙校本一類祇是校對著名詩人的代表性詩集之

〔註1〕 參見金宏宇：《中國現代長篇小說名著版本校評》，北京：人民文學出版社，2004年版。

〔註2〕 試以沙鷗的方言詩《手指》爲例：以農民通過砍掉自己手指這一自殘方式來逃避當壯丁爲題材寫的詩，在四十年代後期有數人有此類詩作問世，沙鷗不僅有同題材的方言小說，也有方言詩歌，其方言詩《手指》則修改較爲頻繁，幾乎每發表或刊載一次都有所不同，其中《化雪夜》（春草社出版，1946年版）中《他自己宰錯了手》爲一方言敘事詩，講的是農民李德成躲了幾天壯丁後有準備地自殘，但砍殘的是左手而不是右手，仍被抓了壯丁的悲慘故事，全詩19節共96行，因詩長不引錄。其餘三首照錄如下，可作比較：《手指》版本一（《新華日報》副刊1945年8月1日）：一刀砍手背上，／又一刀砍脱了二指姆，／像殺了一條豬流了一菜板血，／人痛得連嘴皮都咬破了。／／遭刀砍的臉色青得好比張白紙，／他埋頭走進屋就滾在床上，／女人曉得了流了一大攤眼睛水，／男的還啞聲啞氣的對女人說：／「莫要亂敞風啊！／有

間的異文情況，個別對照了原始報刊，如郭沫若的《女神》便是如此，其中
《鳳凰涅槃》原發表在《時事新報‧學燈》，後來在結集時改動不少。〔註 3〕
此外大多數最初發表與成集時的作品並不一致，如沙鷗的四川方言詩最先在
重慶等地報刊雜誌如《新華日報》副刊發表很多，結集成三本四川方言詩集
時改變面貌較爲突出。另外一種情況是，詩集一旦暢銷引起重新印刷或再版
時，作者往往來一次全面修訂，這一歷史自白話詩源頭胡適那兒便開始流行
了，胡適於 1920 年 3 月出版我國第一部個人白話詩集《嘗試集》，同年九月
再版，1922 年 10 月刊行經作者增刪的增訂四版，其後以此版爲主印刷多次（其
中仍少有變動）。〔註 4〕仿傚的風習，也由此發端，對詩集再版重印過程加以
刪減，已成慣例：較多者如郭沫若的《女神》，初版後屢屢重版印刷，作者則
時時本著「作一自我清算」〔註 5〕的精神，多次加以修改，前後有七、八種不
同版本；較少者如康白情的白話詩集《草兒》（1922 年版），二年後修正三版
書名改爲《草兒在前集》，篇目、文字上都有明顯的變動。再次，因詩歌在發
行、讀者的爭取上都處於弱勢地位，有機會重版的詩集比例較低，但只要詩
人繼續分行書寫，單行本愈出愈多，以至到了一定數量不得不來一個選本或
總結性的個人詩集，於是詩人在出這類合集時抓住機會把以前所出的各種單
行本整理修訂面世，在讀者印象中想像成根據去蕪存精的方法加以刪削、編
排，自然也不敢妄議，如卞之琳的《十年詩草》，臧克家的《十年詩選》便是。

　　上述三種模式都存在一個不斷修改的問題，遇上善於修訂、喜歡修改的
作者，這一過程就顯得更爲突出，而修改自己的詩稿，一般視爲作者的權利，

　　　　人問就說我宰豬草失了手……」；版本二（《農村的歌》春草社出版 1945 年版）：
　　　　一刀砍在手背上，／又一刀砍脫了二指姆，／像殺了一條豬流了一菜板血，
　　　　／人痛得連嘴皮都咬破了。／／遭刀砍的臉色像白紙，／他埋頭走進屋就滾
　　　　在床上，／女人駭得流一大攤眼睛水，／男的還對女的說：／「莫要亂敞風
　　　　呵！就說我宰豬失了手！」版本三（《紅花》，作家出版社，1955 年版）：一刀
　　　　砍在右手背上，／又一刀砍脫了二拇指，／菜板上淌滿了鮮血呀！／人痛得
　　　　連嘴唇都咬破了。／／他低頭走進屋就滾在床上，／老婆駭得臉色像白紙。
　　　　／男的咬著牙對女的說：／「保長若來問，／就說我宰豬草失了手！」
〔註 3〕　參見郭沫若著，桑逢康校：《〈女神〉彙校本》，長沙：湖南人民出版社，1983
　　　　年版，第 33～53 頁。
〔註 4〕　胡適：《嘗試集‧四版自序》，《嘗試集》，北京：人民文學出版社，1984 年版，
　　　　第 5～7 頁。
〔註 5〕　郭沫若：《離滬之前》，引自郭沫若著，桑逢康校：《〈女神〉彙校本》，長沙：
　　　　湖南人民出版社，1983 年版，第 198 頁。

旁人沒有多少可以非議之處。在一般印象中倒常常視之爲是精益求精之舉而大加讚賞，但事實上並非如此，其中的問題倒是可以引起公眾的興趣，爲什麼詩人要不斷地修改自己，改來改去是否符合越改越好的進化論觀念？類似的問題都還值得深入反思。就在這一過程中，「方言」的去留是其中普遍而重要的一環，詩人或視之爲累贅而在時過境遷中成爲定點清除對象，或視爲特色與歷史眞實而安然無恙地完整保留，甚至反而在保存的基礎上有強化的榮幸機會。籠統地說，白話詩版本中的方言化與去方言化，是一個相互交織與不斷糾纏著的問題，充滿了內在的張力，它有時偏向於方言化來突出詩集的特色或表達效果，有時偏向於通過去方言化來迎合時尙、語境，自覺與當下意識形態保持某種一致。方言化與去方言化往往是爲了預設的某一目的服務，從中可以瞥見時代語境的變遷與作者內心伴隨著的情緒應和。

現代詩歌版本中強化方言化的舉措，表現不一，舉其大略有以下數端：一是在修訂中適當換用方言語彙，力求地域語彙的豐富化與生動化，典型的是爲了引起讀者的注意與辨析而乾脆以「某某土白」、「某某方言詩」在題目後面加以標記，這樣題目與內容相映成趣，既避免讀者誤會又爲這一嘗試大張旗鼓地加以宣揚。二是在修訂後添加方言詞語的注釋，通過較多的注釋幫助讀者瞭解字面意義，又給自己的方言入詩尋找合法性。歸之於明白易懂一列的不加注明，歸之於生硬冷僻一類的則在詩尾或字裏行間加注予以標注，以圖自圓其說。三是在自己活動的圈子內部組織倡導方言入詩的氛圍，有目的有組織地開展此類活動，通過營造一種社會氣勢並借團體的力量來達到目的。一旦當某一方言詩在社會上引起強烈反響與爭論後，作者本人或其朋友圈子中人便通過各種方式參與進去，加以闡釋辨析，引起更大的爭論，在產生深遠社會影響後以這種造成既成的事實爲依託，藉此強化現代詩的方言化。

相反，在去方言化後的過程中手法也有類似之處，祇是背道而馳而已。最爲主要的手段是對方言詞語加以刪繁就簡，只留下一些較通俗性質乃至與國語較爲接近或讀者可以接受的詞語與句式。二是在綜合考慮當時各方意見後，根據其側重點與社會風習風向標，首先就把發表過的方言詩歌創作整體排除在後出的集子之外，讓它成爲散佚之作，免得有後患之憂；或者是初版收入後馬上再版把初版本中的方言詩刪除乾淨，達到一種亡羊補牢式的去方言化目的。不過，因整個民國文學的時代語境沒有嚴格地框定「去方言化」，國語運動的影響也限於學術性的小範圍，宏觀上的意識形態與民族國家想像也沒有產生明顯的

干擾作用，因此現代詩領域的方言化與去方言化並沒有涇渭分明的分野，以致這一情況顯得複雜多變，或者偏於一端，或者矛盾交錯，重疊進行。在很難一下子判斷清楚的情況下，借助具體的例證也許能做到以管窺豹。

二

這裡主要以幾本帶有「完成與開端」〔註6〕性質的詩集作爲論述比較對象：一是《嘗試集》，一是《志摩的詩》，一是臧克家《十年詩選》。

現代詩集的編撰、出版、流布、修訂，是詩歌發生過程中物態性的環節，也是詩歌形象的塑造與流變的過程。胡適的《嘗試集》立意於嘗試，指歸於動作，在格律與自由、文言與白話等多重交織中，作爲第一部個人白話詩集，它在很多方面首開風氣，包括方言入詩與去方言化方面。《嘗試集》當時的具體操作比較複雜，一是有錢玄同的序言以及胡適的自序，擔負著概念廓清、合法性辯護和歷史描述等重大使命。其次是講究詩作的編次安排與整體佈局，一編、二編以及作爲附錄的《去國集》，與他自認不多的眞正白話詩雜夾在一起，對照起來更能清晰地看到白話詩流變的軌迹，保留了從舊詩到白話詩的進化痕迹。三是《嘗試集》剛剛出版叫響後，作者胡適便遍求新文化運動的先驅們（也是自己友人的大家或新秀）如任叔永陳莎菲魯迅周作人俞平伯康白情等人刪詩，〔註7〕在集思廣益的基礎上自己再仔細斟酌取捨。四是在保留全詩的同時對個別詩句略加調整與變動，或刪、或改、或添，都儘量朝完美的境界努力，如爲了語氣的舒展與口語化，添加「了」字等虛詞，並進一步認爲「這種地方，雖然微細的很，但也有很可研究之點。……做白話的人，若不講究這種似微細而實重要的地方，便不配做白話，更不配做白話詩。」〔註8〕

除了這些之外，早在《嘗試集》最早成集之先，也有一個在純文學視角下對應酬交際的白話詩、以方言形式出現的打油詩排斥的純化過程（參見第一章第二節），如出於詩體進化的想像與邏輯，對留美期間所作的律詩一律不

〔註6〕　卞之琳：《完成與開端：紀念詩人聞一多八十生辰》，《人與詩：憶舊說新》，北京：生活・讀書・新知三聯書店，1984 年版，這裏有擴大之意。

〔註7〕　陳平原：《經典是怎樣形成的──周氏兄弟等爲胡適刪詩考》，《魯迅研究月刊》2001 年 4 期、5 期。

〔註8〕　胡適：《嘗試集・四版自序》，《嘗試集》，北京：人民文學出版社，1984 年版，第 6～7 頁。

予選錄；對自稱「寧受『打油』之號，不欲居『返古』之名也」的打油詩，也完全排除在外。包括方言在內的白話詩，從源頭始便帶來了新的氣象與精神，但胡適為了與文言相對的「白話」入詩能被廣泛認可，爭取最有利的歷史合法性，不得不通過去方言化這一局部的犧牲來尋求。一旦白話詩站穩腳跟，白話的正宗地位得到鞏固，方言化的歷史邏輯與構想又一次通過鼓吹方言文學來重啟。

　　如果說《嘗試集》的成集、修訂最先反映了白話詩方言化與去方言化和現實變動的關係的話，那麼徐志摩的《志摩的詩》則呈現了另外的範式。《志摩的詩》初版本（以下只稱初版本）收作者 1922 年到 1925 年間的詩作 55 首，係徐志摩自編，於 1925 年 8 月自費排印聚珍仿宋線裝本（上海中華書局代印），再版本於 1928 年由上海新月書店重排平裝出版，〔註9〕從初版本到再版本一共刪詩 15 首，增添 1 首，帶有組詩性質的《沙揚娜拉十八首》留最後一節獨立成短詩 1 首。此外保留的詩也作了個別文字調整與改動。從整個初版本來看，55 首詩中大部分都是曾在報刊發表過的，影響很大。在搜集成集時主要以初次發表文本為主，但也有稍作修改的現象，初刊時與初版本中的文本偶有差異。

　　對照初版本與再版本，〔註10〕我們就會發現背後的一些原因，主要體現在以下幾方面：一是再版本中的「朱湘因素」，也就是說深受朱湘批評的影響。1926 年朱湘帶著人事紛爭的意氣和苛求格律詩的動機，寫了一篇帶有個人詩學觀點而又嚴謹求真的細讀之作。這一讀者因素，給徐志摩再版時起到了相當顯著的作用，徐氏門生曾這樣追認：「他在《志摩的詩》新版裏把朱湘指摘的許多詩極大部分都刪去了，刪得合理；而他把朱湘認為最好的一首詩《雪花的快樂》改排在卷首，把朱湘認為最壞的一首詩《默境》也刪了，則未免有些盲從。……徐志摩後期，隨了思想感情的日益消極、消沉，寫詩技巧日益圓熟。但是他的音律實踐既始終不注意嚴格以『音組』或『頓』來衡量，

〔註9〕　當時新月廣告如此說：「初版《志摩的詩》是作者自己印的，現在已經賣完了，這部書的影響大家都知道，作者奠定了文壇的基礎。然而作者自己還是不滿意，拿起筆來，刪去了幾首，改正了許許多多的字句，修訂先後的次序：這本書的內容煥然一新，與舊本絕不相同。讀過《志摩的詩》《翡冷翠的一夜》的人不可不讀，沒有讀過的人更不可不讀。」見《新月》一卷四號，1928 年 6 月 10 日

〔註10〕　這裏參照徐志摩：《志摩的詩》（係中國現代文學作品原本選印，校勘甚詳），北京：人民文學出版社，1983 年版；顧永棣編：《徐志摩詩全編》，杭州：浙江文藝出版社，1987 年版。

他的韻律（押韻方式）也還是不大講究。……到後來朱湘所指出的徐志摩用韻的毛病（包括『土音入韻』）也衹是有所改進而已。不過朱湘要求於他的（和自己的）用韻謹嚴，按他們用的英美詩標準來看，也已過時。」〔註11〕這段引述著重指出了朱湘因素，不過似乎有誇大其詞之嫌。事實上徐志摩因出版處女詩集起步較遲（剛開始寫詩時為 24 歲，出版時《志摩的詩》時已是 29 歲），自己意識到剛學步的不成熟與幼稚，對自己第一部詩集中的白璧微瑕去汙化，這是很自然正常的事情。在去方言化方面，徐志摩其實仍有自己獨特的考慮，反映在他修改過程中仍然堅守住方言性上。細讀朱湘原文，〔註12〕主要是分二部分，一是從題材分為五類詩，反映出哲理詩不行，長處是情詩，而平民生活的詩居中間狀態，基本是客觀公正，經得住歷史考驗的。而在平民生活的詩中，以五六首作品為例，指出拿土白作詩的長處與短處，長處是某一種土白有些說話的方式特別有趣，有些詞語也極佳，是別種土白或官話中所無的，短處是若是圖表現上的一時新鮮，作得多了，要是詩中本質稀薄，也惹人厭，此處照朱湘看來，還努力不夠；第二部分是指出其失誤，有六處，其中三處專門針對押韻，即土音入韻、駢句韻不講究、用韻有時不妥（主要指雜亂無章）。綜上所述，朱湘對土白入詩，除了不能容忍「土音入韻」外基本上持中立態度。但從後來修改的情況看，徐志摩完全堅持了自己土白入詩的立場與原則，朱湘在這方面的個人意見並沒有發生效力。其原因除了對自己體制的試驗與輸入保持信心外，估計還來自其餘友人的嘗試精神與喝彩聲，使得徐志摩對包括「土音入韻」在內的土白詩較為看重。如聞一多、饒孟侃等新月同仁的嘗試與讚賞，如胡適毫無保留的肯定與激勵。〔註13〕總之這是一個既綜合又分裂、既肯定方言化而又去方言化的過程，在這汲收又揚棄的過程中，不可能出現一邊倒的趨勢，即使如卞氏所說的把《雪花的快樂》放在首位，也是此詩音節特別漂亮之故，而對音節的重視與張揚則是新月詩派主張格律詩方向的精華之所在。

〔註11〕卞之琳：《〈徐志摩選集〉序》，《人與詩：憶舊說新》，北京：生活・讀書・新知三聯書店，1984 年版，第 36～37 頁。

〔註12〕朱湘：《評徐君志摩的詩》，蒲花塘，曉非編：《朱湘散文》（上），北京：中國廣播電視出版社，1994 年版，第 149～163 頁。

〔註13〕「最近徐志摩先生的詩集裏有一篇《一條金色的光痕》，是用硤石的土白作的，在今日的活文學中，要算是最成功的嘗試。胡適：《〈吳歌甲集〉序》，姜義華主編、沈寂編：《胡適學術文集・新文學運動》，北京：中華書局，1993年版，第 498 頁。

　　徐志摩對詩的「三美」主張的堅守中包括對「土白入詩」的偏愛。他對朱湘所指責的土音入韻沒有作任何更改，客觀地說，土音入韻在徐詩中實在太普遍了，是不好動大手術的。細看《志摩的詩》中的押韻，便可一覽無餘：如《多謝天！我的心又一度的跳蕩》中「迹」與「結」、「晨」與「存」、「勤」與「冥」、「淨」與「欣」、「塵」與「行」；《我有一個戀愛》中「晶」與「勤」、「忍」與「吟」；《去罷》中「埋」與「鴉」、「破」與「賀」、「峰」與「窮」。另有一類是同字相押，或押虛字如「了」押「iao」韻。在這些押韻中，有幾點共同的規律是「n」與「ng」不分，「ai」與「a」通押，「u」和「o」也分不清楚，估計這在硤石土白中估計較爲普遍。

　　其次是土白詩全部得到保留，如《殘詩》、《卡爾佛里》等詩便是。相反，最爲鮮明的是反而追求方言化，強調土白詩的純化與獨立地位，具體如《一條金色的光痕》，在再版本中既在原題下增「硤石土白」四字，又把全詩一共二節中的前一節完全刪除，原因是前一節係用國語寫成，在全詩中帶有陳述、設境性質；〔註 14〕另外也把第二節第一句由「她開口問了：——得罪那（你們），問聲點看，」改成「得罪那，問聲點看」。這樣一來，從頭到尾 36 行，完全是類比一個家鄉硤石一老婦的口吻，惟妙惟肖地刻畫出求人的惶惑與艱難，它沒有枝蔓，渾然一體。

　　《嘗試集》是民國詩歌史上的第一本個人白話詩集，《志摩的詩》則是「是介於《女神》和《死水》之間」、續《女神》之後，脫離舊詩詞曲窠臼而用活的白話「鞏固了新陣地」〔註 15〕的集子。這兩本是個人詩集，修改後仍以原名出版，總的原則是取精去蕪，通過刪出平庸之作減少篇數來強化精品力作。這裡還以臧克家的《十年詩選》這一選本爲例，探討另一類型的詩選在方言化與去方言化上的思考。

〔註 14〕所刪的詩節如下：
　　　　來了一個婦人，一個鄉裡來的婦人，
　　　　穿著一件粗布棉襖，一條紫棉綢的裙，
　　　　一雙發腫的腳，一頭花白的頭髮，
　　　　慢慢的走上了我們前廳的石階：
　　　　手扶著一扇堂窗，她抬起了她的頭，
　　　　望著廳堂上的陳設，顫動著她的牙齒
　　　　脫盡了的口。
〔註 15〕卞之琳：《徐志摩詩重讀志感》，《人與詩：憶舊說新》，北京：生活・讀書・新知三聯書店，1984 年版，第 20～25 頁。

顧名思義，《十年詩選》是臧克家新詩創作十年後的自選集。它於 1944 年由現代書店出版，一共收錄現代詩 70 首，十年磨一劍，結果刪繁就簡之後只認為 70 首詩可存世，可見選詩態度之嚴謹。臧克家師從聞一多氏，素以苦吟著稱，自 1933 年自印詩集《烙印》以來，10 年間共出詩集 13 本，精挑細揀，又像胡適請朋友刪詩一樣，也請幾位詩友幫助刪減，終於在詩人 40 歲之際做了一個總結，其間包括自己稱為「一雙寵愛」的《烙印》與《泥土的歌》。70 首作品，選自這二本詩集為多。

從單行本到選本，詩中的方言詞語並沒有捨棄。臧克家是山東諸城人，19 歲之前沒有離開過家鄉農村，成年後倒是在外東奔西走地謀生。不過山東諸城方言是一路攜帶著的，如「日頭墜在鳥巢裏。／黃昏還沒有溶盡歸鴉的翅膀」（《難民》），這二句詩一般被認為是苦吟的經典案例，但「日頭」這一方言詞語還是沒有被「苦吟」掉。此外如「明朝」、「生怕」、「正晌」、「場園」、「巴豆」、「年頭」、「生生地」、「心下」（心裏）、「喉頭」之類的山東方言辭彙或其他方言辭彙也處處可見。其次，在有些場合，也許是感到不放心，臧克家對個別方言詞語的處理是用「引號」圈起來，以示區別而不作注，如《寒冷的花》三句詩為「大雪／把窮人趕到了『地屋子』裏去，／用一面草『擋子』／把嚴寒擋在外邊。／『燈籠褲子』出不得門，／瑟縮在炕頭上」。另外個別的方言語彙或句式，詩人則以「作注」的形式注明以釋疑，以便於讀者閱讀。其中最為典型的是《溫柔的逆旅》一詩，它寫的是詩人戰火歲月偶爾回家三日之所見所聞所感，此詩一共七個注腳：其中有方言辭彙六個，如「娘娘」即母親的鄉稱；「把頭」即長工等，奇怪的是第七注，注腳為：「一煞黑娘娘我『快滾』」一句所引為「親熱的罵詞」。但「一煞黑」這一方言詞倒未注，細讀全詩，還有不少方言詞語未注，如「乾天」（即晴天）、「吃不安生」、「話頭」等。詩人這樣處理的方式在以前出版的單行本中並沒有出現，估計是以前單行本出版後有讀者指出這一問題，詩人來一個總的彌補吧。但這樣是否就沒有問題了呢？其實不然，當時《十年詩選》剛出後，臧克家的朋友就論述到這一點，且是作為缺點提出的：「太生僻的土語，採用了，再加注子，在讀者眼中即隔了一層，實是遺憾。如《溫柔的逆旅》中所用土語，又《秋》末句『拉大笆』的窮人，無注，我即不明白是什麼意思。」〔註16〕由此來看，作注與不作注，都是一種兩難。不過對於臧克家而言，不但分辨不清也分辨不完方言語彙，而且在當時絲毫不認為是一件影

〔註16〕吳組緗：《讀〈十年詩選〉》，《文哨》1 卷第 1 期，1945 年 5 月 4 日。

響全局的大事，因爲天生擁有的山東諸城方言母舌，即使他再斟酌、推敲，也是不能完全擺脫的事。〔註17〕

　　換一個角度，這現象也反映了當時沒有過多的去方言化的時代要求。詩人根據自己最爲熟悉的語言，寫自己最爲熟悉的生活，在當時帶有普遍指導意義。整個社會都是沉浸在一種自然的藝術自覺中，在自爲狀態中達到一種對語言的自然與自覺。由此而言，現代詩的方言化與去方言化，是自然的消長，而不是外界力量的強制與逼迫。現代詩創作中，純方言化或者帶有方言化是詩人成長過程中所習得的母語影響之致，它並不影響名作的知名度和藝術高度，不會因爲一首詩中有若干個方言語彙或方言句式表達法就降低了全詩的審美內涵。另外詩人爲了生活的逼眞與還原，像臧克家一樣寫農村的眞實生活，以山東鄉村的生活來折射全國農村的生存狀況一樣，它還是合理的存在。語言這層外殼仍是異鄉人，以及人與社會相互了解體認的起始。

三

　　方言化與去方言化，是現代詩歌版本中一種因無意識泛化而普遍存在的現象，兩者並沒有優劣之分，即使想去方言化，也不一定能全部剔除乾淨。土音入韻、方言語彙以及方言句式，只要大體能懂，且有特殊的韻味與表現力，也沒有多大必要去加以斧削，或盲目地像排除異己一樣予以擯兌。從若干現代詩歌版本的變遷，可以一窺方言入詩的浮沉，關於這一角度的探索，值得我們以後再作詳細的考察。

第二節　現代詩歌方言化寫作與普通話寫作及其消長

　　像寫什麼一樣，詩人如何寫作也是一個既簡單而又複雜、既獨具個體性又兼有社會公共性的活動。詩人寫什麼、如何寫，比寫得怎樣是否更重要，這要看不同時代語境的變遷。籠統地比較，以 1949 年爲分水嶺，民國時期詩

〔註17〕有趣的是，解放後在普通話寫作語境中，臧克家對土白入詩還是持寬容態度，如他爲同鄉王統照詩選作序時認爲：「在語言運用上，有土白（山東方言，上海方言），也有近似古詩的文言句。」「他生在鄉下，對民歌和人民的語言又很注意。……在土白運用方面，有的不容易懂，有的卻既通俗而又美麗」。見臧克家：《王統照先生的詩（代序）》，王統照：《王統照詩選》，北京：人民文學出版社，1958 年版，第 13～15 頁。

人寫什麼、如何寫沒有寫得怎樣重要；反之，在中華人民共和國成立後則前兩者明顯重要和突出一些。還原與分析比較這兩個階段的現代詩創作，就必須對當時詩人寫作性質與狀態有清醒的認識和理解。

在我看來，包括現代詩寫作在內，1949 年後全國性的普通話寫作是一個不可忽視的重要存在。（這裡也依據實際語境，把本論著論述的時間段稍作延伸直到 1949 年後的普通話寫作時代，以便在對照中看得更爲清楚，同時突出普通話寫作作爲參照系，使兩者之間的彌滿的張力得到鮮明的呈現）。對於詩人個體而言，通常情況是，每一個生命個體都是在積累其獨有經歷與經驗的基礎上，把胸中之竹凝定爲筆下之竹。一揮而就也罷，推敲苦吟也罷，似乎都是常人所稱道和習見的姿態與縮影。顯然這一簡單化了的描述，已在文人們創作經驗談之類的文章中屢見不鮮了。另一方面，其複雜與公共性在於詩人創作過程中，從微觀的一個細節到宏觀的整個理念，都既是它內在的問題，又並非其本身問題所能涵蓋。新生的共和國誕生後所能提供的環境、條件與空間，使它超越了本身所能把握住的一切，其中往往又與政治、經濟、意識形態、文化政策等外在因素相互糾纏，並在與它們自然形成的各種複雜關係中受到種種牽制。

因此，在這一背景下可以看出，1949 年後新中國的詩人們寫作的路徑與方式，是在一個大一統式的普通話寫作語境中進行的。如何運用、推動標準與規範的普通話寫作，既是考驗一個詩人對語言感受、把握、調配等能力高低的手段，也是考驗他與集權式國家體制共存的試金石，還是他參與文化事業建設的隱形杠杆。普通話寫作本身的優劣得失，規定詩人如何寫作的經驗教訓，可以說是見仁見智的話題。與民國文學呈自然形態缺乏強制性限定的泛方言化寫作相比，尚須討論的問題也隨之而來，何謂普通話寫作，1949 年前後不同時代下的普通話寫作有何異同？作爲它排除異己的主要對象即方言化寫作（再具體到方言入詩層面），它又如何迎拒與生長？從民國時期的方言化寫作到新中國後的方言化寫作，經歷的大轉折有何啓示？諸如此類的問題，在今天仍在等待做出及時的闡釋。

一

重審「普通話寫作」這一概念，首先有必要對它的生成與發展有個大致的梳理和瞭解。普通話寫作的意義與價值，也攙雜其中。

用普通話進行寫作，其中主體性的「普通話」作爲一個術語，最早是清

朝末年「切音字運動」的積極分子朱文熊於 1906 年提出來的。他當時寫了一本叫《江蘇新字母》的書，把漢語分成三類，其中之一就是「普通話」，並注明「普通話」是「各省通用之話」。當時人們又稱「普通話」爲「藍青官話」，因爲元、明、清以來數百年間北京一直是全國政治、經濟、文化的中心。各地赴京應考、做官、經商的流動人口很多，天長日久，他們也學會了這種北京話，但他們的北京話卻又多少雜有地方口音，人們就用「藍青」比喻它（「藍青」比喻不純粹）。〔註18〕拆開來看可理解爲「普通」的話語，重點在前面的定語身上，有「普遍、全面、通用」等意義。透過字面意義，「普通」一詞有普遍、通用等內涵，這均指向語言的求同性，而語言的這一性質是自古皆然的。語言，作爲人們之間交際與交流的有力工具，與人的思維習慣與群居方式相適應，也與國家統治分合的政治歷程相協調。像方言島大都爲移民所造成一樣，族群的流動與遷徙，集體式的生活與共同勞動，也就迫切地需要求同存異。以某種口語、方言爲基礎，各個地域的人群在地理空間內部藉此溝通與聯繫，是現實之所需，也是歷史發展之所繫。在我國不同歷史時期，國人曾把它稱之爲「雅言」、「凡語」、「通語」、「通名」、「官話」、「國語」之類。講究語言的通暢無阻，似乎與政通人和之類的願望也有內在契合關係。如大約在周秦時代，「雅言」便佔據統治地位，《論語》中有這樣的話：「子所雅言，詩、書、執禮，皆雅言也。」不過，重要區別之一是，它是以當時關中方言爲基礎的普通話罷了。沿此下來，「通語」之於漢朝，「官話」之於元明清，「國語」之於中華民國，「普通話」之於新中國，語言名稱之變，與政權更替息息相關。其次，語言的自然發展，總是受到人力的牽制而改變了原來的生長狀態。語言發展態勢時時被不同歷史時期的領軍式先鋒人物所洞悉，或被啓動，大爲提速，或被扭轉，改變航道。譬如二十世紀初葉提倡的白話文運動，便是如此，胡適、陳獨秀、魯迅、以及後來提倡大眾語的瞿秋白等人，結合各自的立場與功用目的，都置身於語言「求同」、「求易」這一語言變遷的歷程中，去服務民眾，去爭取民眾。他們或論或著，或鼓吹或示範，爲擺脫文言、成就白話變革而推波助瀾，爲語言工具的普遍、簡易搖旗吶喊。五四以後的新文學作家，也基本上認同並奠定了這一語言現實，其結果是北方方言、白話與「普通語」逐漸合流。其中，北方地區的平原地貌，北京作爲六七百年

〔註18〕還可參見倪海曙《推廣普通話的歷史發展》一文，《倪海曙語文論集》，上海：上海教育出版社，1991 年版。

來的首都歷史，北方「官話」數百年歷史沿襲的積澱與坐大，是客觀背景；
新文化運動的風流人物，新文學作家隊伍以藍青官話爲主的集體白話文寫
作，或當時意義上的類似「普通話寫作」，是改變歷史進程的又一主導因素，
二者整合了各自附加的力量，大爲加速了當時意義上的普通話的推廣與流布。

　　不可否認，這一過程極其複雜，有矛盾，有起伏，有寒潮也有暖流，當
時各個時期留下來的相關著作中，也對應著歧義甚多的各類表述。譬如，瞿
秋白在三十年代曾對當時意義上的「普通話」具體內容有所涉及。「最近三十
年來，凡是新的研究學術所用的言語，工商業發展之中的技術上的言語，政
治上社會交際上的言語，事實上大半發生於『南邊人』的嘴裏。——江,浙,贛,
粵,湘,鄂,川等省的人的嘴裏。同時，這裡又並沒有歷史久遠的一個中心城市；
大家只能學著北京話。結果，勢必至於是『藍青官話』變成實際上的普通話。」
〔註 19〕這裡說的是由藍青官話即北京話而普通話的簡單而又形象化的演變過
程，不過，當時的普通話實際是攙雜豐富方言成分的混合語而已，當時的藍
青官話並不純粹而富於自然主義特質。這一點，與民國時期政治、民族國家
的不統一有關，與長期內憂外患、人群不興流動遷徙有關，更與當時囿於極
少範圍內的學術討論層面、很難大規模地借助行政力量推行有關。

　　與民國時期的自由散步式地推行普通話寫作相比，中華人民共和國整個
國家機器則以只爭朝夕的緊迫感，在文化建設中也以突擊、集團方式，舉全
國之力強化普通話的步伐與歷史進程。而且，它相應帶動了對新社會滿懷憧
憬的詩人們用普通話寫作的熱潮，不管你是否猶疑與觀望，都混在湧動的人
群中邁出了整齊劃一的步伐。詩人如何寫作，都似乎跟當時的政治、經濟、
文化、國防統一有了某種聯繫，一切都成爲高度統一的國家機器的一部分。
客觀事實是，共產黨在宣佈中國人民從此站起來了之後，又緊鑼密鼓地制定
與貫徹過渡路線，社會主義改造與社會主義建設，是響遏行雲的口號，也是
熱火朝天的現實。怎樣建設？文藝工作者如何參與？包括推行普通話在內的
文字改革，究竟占一個什麼地位，起一個什麼作用？詩人們很快就得到了上
邊指定的答案，詩人的普通話寫作是文化教育事業的一部分。像其他的文化
教育事業一樣，它必須按照國家管理政治、進行經濟和國防建設、普及文化
教育的模式，逐步地、有計劃地改造、提高，整個文藝隊伍也就成了某方面

〔註 19〕瞿秋白：《羅馬字的中國文還是肉麻字中國文？》，《瞿秋白文集》文學編第三
　　　　卷，北京：人民文學出版社，1989 年版，第 228 頁。

軍，帶有類似「軍事化生活」的性質。從呈龐大體系、規模推廣普通話寫作來看，無論是 1955 年 10 月召開的全國性的「全國文字改革會議」和「現代漢語規範問題學術討論會議」，還是《人民日報》、《光明日報》、《中國語文》等各類媒體發表的社論，還是教育部、國務院等機構發表關於推廣普通話的各類指示，乃至最後定格成憲法規定中的法律條文，整個形勢可謂水漲船高、步步爲營，雖然也讓人感到身不由己之歎。

就「普通話寫作」中普通話的概念內涵來看，還吻合了逐漸添加內涵的特徵。最早是模糊地指漢民族共同語，其中首先是統一音，即以北京語音爲標準音，隨後是確定以北方方言爲基礎方言，最後是在此基礎上統一以典範的現代白話文著作爲語法規範。這樣，正式確定普通話的定義爲「以北京語音爲標準音，以北方話爲基礎方言，以典範的現代白話文著作爲語法規範的全民族的共同語」。﹝註20﹞顯然，這一過程所遮蔽的矛盾，所留下的縫隙，在今天似乎仍有討論的餘地。再次，從可資借鑒的標準來看，1951 的《人民日報》社論便高舉毛澤東與魯迅兩人的著作，視其著作是純潔與健康的標準，不相符合者，則是不純潔與非健康的。普通話與規範化、語言的標準連爲一體。正如後來的社論所言：「要促使每一個說話和寫文章的人，特別是在語言使用上有示範作用的人，注意語言的純潔和健康。語言的規範必須寄託在有形的東西上。這首先是一切作品，特別重要的是文學作品，因爲語言的規範主要是通過作品傳播開來的。作家們和翻譯工作者們重視或不重視語言的規範，影響所及是難以估計的，我們不能不對他們提出特別嚴格的要求。」﹝註21﹞反正，道路已經鋪好。剩下的事情是，詩人們，你準備好了嗎？

這一切影響甚至左右著詩人們的寫作，包括投入的愉悅與不適的焦慮。像寫什麼一樣，如何寫作便是當時橫亙在每一個詩人面前的具體問題。要麼表態支持普通話寫作，並落到實處，在自己的每一次寫作中得到體現，要麼

﹝註20﹞ 在 1955 年召開的「全國文字改革會議」上，張奚若在大會主題報告中說明：漢民族共同語早已存在，現在定名爲普通話，需進一步規範，確定標準：「這種事實上已經逐漸形成的漢民族共同語是什麼呢？這就是以北方話爲基礎方言，以北京語音爲標準音的普通話。」「爲簡便起見，這種民族共同語也可以就叫普通話。」1956 年 2 月 6 日，國務院發佈的《推廣普通話的指示》中，對普通話的含義作了增補和完善，第一次正式確定普通話「以北京語音爲標準音，以北方話爲基礎方言，以典範的現代白話文著作爲語法規範」。

﹝註21﹞ 《人民日報》社論：《爲促進漢字改革、推廣普通話、實現漢語規範化而努力》1955 年 10 月 26 日。

停止創作，收起自由創作的權利，這似乎成了當時的兩條背道而馳的道路。像重新學會怎樣說話一樣，拋開對熟悉語言的迷戀，投入到宏大而陌生的共同語規範化汪洋中，也是一個重新開始、適應的過程。時代主潮裏挾著運動的激流，在不斷分化中凝聚著人流。具體來說，首先是已成為各種政府部門、文化單位、出版機構、社會團體中的領導型文人集體加入了這一運動中去，如郭沫若、茅盾、周揚、葉聖陶、老舍，如艾青、何其芳、田間、李季、臧克家、袁水拍、沙鷗、公木……他們有的直接參與了這一系列事件，在共商國事中制訂各種規則，有的在大會小會上貫徹和落實黨與政府所交代的這一政治任務；有的則在創作中或者改弦易轍、另覓出路，或者明顯放慢探索腳步、在觀望中前行，甚至有些還身不由已地陷入到參與批判同道的陣列中去。其次，具體落實到散居全國各地的詩人們身上，一方面是引導、規範，將其寫作納入既定的軌道上；一方面通過各種批評，乃至批判，正反出擊，強制執行普通話寫作這一有關大一統的文化政策。正如有論者通過精細的考察後得出的結論：「就中國整體而言，20 世紀 50 年代以前的中國新詩，並不存在以『非此即彼』的鬥爭思維障礙創作實踐的事實。……這一『新思維』的出現便在 20 世紀 50 年代。正是通過 20 世紀 50 年代，中國新詩以至中國文學形成了一套完整的嚴密的『非此即彼』的二元對立思維。」〔註 22〕具體落實到寫作中，其中不可忽視的環節就是普通話寫作，它也藉此躍居到了一元的位置。作為對立面的非普通話寫作，也就成了被約束、被清理的對象。

在普通話內涵的不斷添加、豐富中，各類詩人的非普通話寫作局面得到了牽制與扭轉。這裡關鍵的問題是，什麼是非普通話寫作呢？漢語規範化原先針對的是什麼？客觀地看，以漢字簡化、推廣普通話為支柱的漢語規範化運動，最早的出發點主要是針對全社會文化水平低下而言的，如作文中普遍的含糊、混亂、文理不通現象，至於語法不嚴謹，病句錯句流行，亂用簡語、自創別字等等自然包括在內，而且主要在新聞寫作、公文寫作中呈蔓延之勢。後來隨著文化生態環境的惡化，清理的範圍與方式都發生了變化。其中，包括眾矢之的地批判寫作中運用方言、土語這一主要傾向。──饒有意味的是批判對象的滑動，新的問題也油然而生，方言、土語在文學作品中到底占一個什麼地位？對推廣普通話、漢語規範化的強調，它必然壓制方言、土語嗎？

〔註 22〕李怡：《現代性：批判的批判》，北京：人民文學出版社，2006 年版，第 255頁。

語言本身有尊卑之別嗎？如果有，爲什麼在民國時期的抗日語境中與國共內戰時期裏，寫作中的方言土語卻得到大力提倡？四十年代解放區曾大力提倡的群眾語言至上觀，它內在的方言性與普通話之間的縫隙又如此彌合？——事實上，對隱於民間，在詩人筆下普遍存在的方言問題的包圍與批判，絕不是一個語言問題所能簡單包括。

二

　　語言本身有地域性，分隔在不同的時空中生長、發展。這一事實由來已久，有「合」有「分」是中國數千年的國家建制史實，多民族雜居的現狀與語言固有的地域性，形成了共同語與各地方言彼此長期共存的局面。兩者的生長形態是各自服務一方，此起彼伏，綿延不絕。祇是服務對象有多寡，所占社會「市場空間」份額有厚薄而已。

　　然而，一旦語言追求各自的生存與發展跟國家追求統一與強大聯繫起來，兩者出現矛盾衝突時，弱勢地位的語言也被挾持著要突破既有的地域限制，一步一步地去地方化，也就是去方言化，以便求「通」求「同」。普通話與方言之間的關係，也就變得非常重要了。50 年代在推行普通話、講究漢語規範化時，曾有明確的表述與界定：「普通話是爲全民服務的，方言是爲一個地區的人民服務的，推行普通話並不意味著人爲地消滅方言，祇是逐步地縮少方言的使用範圍，而這是符合社會進步的客觀法則的。方言可以而且必然會同著普通話在相當長的時期內並存。」類似的表述還很多。不「人爲地消滅」，而是「逐步地縮少」，讓方言自動掉隊並逐漸自行消失，這就是想像中對待方言的方式，也是持方言消亡論者的理論預設。然而事情並非想像的那樣簡單，方言本身也會發展；當時奉爲典範的毛澤東同志、魯迅先生兩人的著作中，既有方言成分，也有對方言價值的保留說法。此外，這一時期的詩人大多數在解放前成名，且又正值壯年，各地方言區域所培養與輸送出的這批大地之子，母舌的影響並不是說丟就能丟得了的外衣。

　　方言寫作曾在民國時期得到了有力的提倡與保護，其原因，一是與白話文運動的興起與發展相依託，一是與政黨自身的發展生存共風雨。對於前者，主要是突破文言的窠臼，把口語與白話捆綁一起，取得了白話文運動的勝利，在三十年代又提倡大眾語，讓文化普及，進一步對各地民眾的口頭語加以平等對待。對於後者，主要是共產黨政黨最初來自草根階層，本身一直在弱勢

中，在夾縫中求生存、求支持。在實施戰略性步驟上主是通過民族形式的提出與討論達到這一目的，〔註 23〕如在國統區發起持續不斷的各地方言文藝運動，就取得了良好的政治影響與社會影響。但到了 50 年代，方言文藝作為助手的角色被擱置起來，轉變成為逐漸被批判的對象。早在 50 年代初期，報刊上就開展了對這一問題的討論。語言文字專業的工作者比作家們最早重視，如邢公畹等提出文藝工作者應該用普通話進行創作，儘管那時普通話的具體內涵也還是眾說紛紜，但反正方言寫作應該退出歷史的舞臺。邢氏認為過去我們寫農民，用農民的群眾口語——方言，都有革命的意義。現在全國解放而且統一了，「特別是在人民政治協商會議召開之後的今天」，不能再用方言來創作，來寫農民了。他在另一篇文章裏又說：「方言文學這個口號不是引導著我們向前看，而是引導著我們向後看的東西；不是引導著我們走向統一，而是引導著我們走向分裂的東西。」〔註 24〕此外，他在相關文章中以周立波小說《暴風驟雨》為例，對書中使用的東北方言土語進行了大面積抨擊。這一看法與立場，本身邏輯似有商榷之處；後來雖然周立波本人在另一場有關方言文學討論中進行了辯駁，〔註 25〕但整個社會風氣似乎對方言寫作均不利，討論的結果逐漸呈一邊倒的趨勢，一步一步地呈現為收縮性的包圍圈。與周立波堅守方言入文的立場不同的是，像茅盾、葉聖陶、老舍等人則改變

〔註 23〕「民族形式」問題既與大眾化問題聯繫在一起，又受特定政治因素的深刻影響。參見錢理群等著：《中國現代文學三十年》（修訂本），北京：北京大學出版社，1998 年版，第 462～470 頁。

〔註 24〕邢公畹：《談〈方言文學〉——學習斯大林〈論馬克思主義在語言學中的問題〉的報告之一》，《文藝學習》三卷一期，1950 年 8 月。

〔註 25〕湘籍作家周立波，從三十年代的文藝評論，到抗日戰爭時期的報告文學，從《暴風驟雨》，到《山鄉巨變》，所有的作品，都是為我國勞動人民所唱的頌歌。其中《暴風驟雨》、《山鄉巨變》是他四五十年代的代表作，前者還獲得過斯大林文藝獎金。恰恰這兩部長篇，方言色彩非常濃鬱，他也被視為愛運用方言土語的代表性作家。作品這樣寫，論文也如此立論，如《談方言問題》一文中旗幟鮮明地認為：「我以為我們在創作中應該繼續的大量的採用各地的方言，繼續的大量的使用地方性的土話。要是不採用在人民的口頭上天天反復使用的生動活潑的，適宜於表現實際生活的地方性土話，我們的創作就不會精彩……」此外，儘管有不少反對意見，也還有些評論者仍充分肯定「方言入文」是他的優勢。如方明、楊昭敏在評《山鄉巨變》時說，「在很多情況下，把方言土語完全翻成普通話，就失去了色彩。小說並不是推行普通話的課本。」由此可見，作家具體創作時對普通話寫作的貫徹仍有分歧；仍有人堅信，在文學創作中運用方言土話，是對普通話寫作的有益補充。

了立場，竭力爲普通話寫作鼓與呼了。小說如此，何況現代詩歌？急於與時俱進，融入新社會的詩人們感受到了這一價值取向的壓力，方言入詩的情況便變得更加艱難。在現代詩創作上，絕大多數詩人也紛紛改換門徑，從不同途經尋找適應點。從時間上看，是從兩個時間維度進行的，一是對現在時的影響，他們或者變換既有的風格，一致用陌生的聲音改唱頌歌，如馮至、卞之琳、何其芳、艾青等詩人，開始改造藝術個性來適應更大的光明；他們或者在批判的硝煙中退下陣來，在反省中去自我化；〔註26〕或者置身這一時代語境，避害趨利地調整創作方向，如唱馬凡陀山歌的袁水拍悄隱了（參見第三章第二節）；在書信中自認爲「詩風及詩的觀念的改變，是有深刻的社會原因和自身遭遇的原因」〔註27〕的方言詩人沙鷗，因 50 年代前後「在中國歷史上有了翻天覆地的變化。這個變化不能不影響我的詩。寫什麼，當然不同了。怎麼寫，也應該不同了」，雖然感到後來選擇自由的形式寫詩既「特別在生活氣息上，都不如從前了」，又覺得「我給自己選擇了一條彎路」。〔註28〕陝北方言詩人李季在 50 年代感覺到用以前哀怨的信天遊的調子「來描述這些正在成長中的社會主義的新型農民，那會是多麼不協調呵！」〔註29〕後來除用盤歌和五句體湖南民歌形式寫了不甚成功的《菊花石》後（其失敗原因之一便是對湖南方言太隔膜），逐漸減少了土氣與方言氣息，增添了不識字的農民看不懂的洋氣，以致在五十年代中期連自己都感到這七八年的詩作「太洋氣了」。〔註30〕二是對過去歷史時間的追討與舊我形象的修正，詩人們對民國時期出版的詩集，在獲准重印時往往事先「刪削一番」，好比一次埋葬舊我、走向新生的自我亮相，藉此來改變自己在過去歷史中的形象。已在民國時期成名的詩人們紛紛作自我矯正，從郭沫若刪削《女神》始，〔註31〕汪靜之、馮

〔註26〕參見李怡歸納統計的 20 世紀 50 年代中國詩壇批判運動情況，見《現代性：批判的批判》一書，北京：人民文學出版社，2006 年版，第 263～266 頁。

〔註27〕止菴：《沙鷗談詩・跋》，《沙鷗談詩》（止菴編），北京：首都師範大學出版社，1996 年版，第 546 頁。

〔註28〕沙鷗：《關於我寫詩》，《沙鷗談詩》（止菴編），北京：首都師範大學出版社，1996 年版，第 93 頁。

〔註29〕李季：《熱愛生活　大膽創造——和同代的同行們談寫作的二三感受》，《李季文集》（第四卷），上海：上海文藝出版社，1986 年版，第 543 頁。

〔註30〕李季：《要爲更廣大的人民群眾所接受》，《李季文集》（第四卷），上海：上海文藝出版社，1986 年版，第 547 頁。

〔註31〕參看顏同林：《〈女神〉版本校釋與普通話寫作》，《廣東社會科學》2012 年 3 期。

至、何其芳、臧克家、徐遲、袁水拍、李季等等都有相類似的舉動，如馮至
對十四行集的自我「遺忘」，早年詩作也被改得面目全非。何其芳把「那些消
極的不健康的成分」〔註32〕都積極地改了。從內容與形式進行修改，那些沒
有此類嫌疑的也一併改過，所到之處就包括去方言化的集體衝動。

三

　　下面沿用上一節以同名詩集對比的方式，對汪靜之的《蕙的風》與李季
的《王貴與李香香》這樣富有可比性的詩集為例，來辨析去方言化的方法與
過程，從中看出現代詩中方言化寫作與普通話寫作的糾纏與消長。雖然在現
代詩歌運動中，這兩種寫作追求盤根錯雜在一起，彼此矛盾、消長，通過不
斷碰撞刷新詩人寫作取向上的複雜性與可逆性，但從來沒有哪一時期有這種
摧枯拉朽之勢。

　　首先以汪靜之的成名詩集《蕙的風》為例：汪靜之的白話詩集《蕙的風》
曾在民國詩歌史上引起爭議，譽多於毀，詩人也被稱為情詩上的聖手。它初
版於1922年，當時曾得到魯迅、葉聖陶、朱自清的指導與關心，出版時則有
胡適、朱自清、劉延陵為之作序，出版後引起攻擊時又有魯迅、周作人等專
門撰文為之辯護。它的版本在解放前沒有多大變化，延至50年代出新版時則
變得面目全非。汪靜之自述以「只剪枝、不接木」的修改原則作理論支撐，
但與初版相比，1950年代出的新版變化之大可謂空前，實際上連主幹都剪得
七零八落了。具體而言，比較初版本與1957年新版（下面簡稱新版），數量
上刪棄三分之二，僅剩下51首；總量上又與刪棄三分之一的《寂寞的國》合
併，以第一、二兩輯存之，合併後仍稱《蕙的風》；題目上改動的居多，有些
是截取一詩首尾為二首的，分別命名，有的略改，文字出入很大。例如把《定
情花》後的自注「在一師校第二廁所」刪除。〔註33〕從文本改動來看，既有
肆無忌憚地剪除枝丫的，也有連主幹都削掉的，如《天亮之前》，由四節40
行改為一節24行；《我倆》原9節70行，改為《一江淚》為一節8行；《悲

〔註32〕何其芳：《〈夜歌和白天的歌〉重印題記》，藍棣之編：《何其芳全集》（第一卷），
　　　　石家莊：河北人民出版社，2000年版，第527頁。
〔註33〕也許是這句話引起了在美國留學的聞一多的借題發揮：「《蕙底風》只可以挂
　　　　在『一師校第二廁所』底牆上給沒帶草紙的人救急，……便是我也要罵他誨
　　　　淫」，見聞一多：《致梁實秋》，《聞一多全集》（三），北京：生活・讀書・新
　　　　知三聯書店，1982年版，第609～610頁。

哀的青年》原 5 節 31 行改爲《尋遍人間》爲 1 節 4 行；原《孤苦的小和尙》
4 節 38 行改爲《小和尙》3 節 12 行；《愉快的歌》由 3 節 87 行壓縮成 1 節 10
行；《戀愛的甜蜜》原 4 節 18 行壓縮爲 1 節 13 行；原《我都不願犧牲喲》5
節 35 行改爲 1 節 4 行小詩；原《醒後的悲哀》7 節 46 行，改爲《醒後》1 節
4 行和《希望》1 節 4 行。再次從去方言化角度來看，去方言化的傾向較爲明
顯。考慮到 1957 年全國已處於普通話如火如荼推行之時，汪靜之雖然沒有點
明這一背景，但時代要求的具體細節還是相當清楚的。主要體現在二方面：
一是改正方言韻，二是把帶有方言成分的口語句子改成較爲規範的普通話。
首先來看他的方言韻問題。

　　「多數是自由體，押韻很隨意，一首詩有幾句有韻，有幾句無韻。又因
不懂國語，押了很多方言韻。現在把漏了韻的補起，把方言韻改正了。爲了
押韻，字句上不得不有些改動，但不改動原詩的思想內容。」〔註34〕（《寂寞
的國》也有改正方言韻的，這裡因材料所限，存此不論）。但仔細校讀，事實
上不像汪靜之本人所論述的那樣簡單，也沒有他所說的那樣成功，詩人似乎
還是根據某種個人印象在改方言韻，雖然改得較多但改得不徹底，而且在改
的過程中反而增添了不少，其原因大概還是不能辨別清楚哪些是方音哪些是
普通話音，估計受到其普通話水平的限制。具體表現在初版中爲省事安全起
見，套用同音虛字結尾押比較低級的虛字韻，如「的」、「了」字韻簡單重複，
《蕙的風》中的「了」字韻與《嘗試集》不相上下。其次是押韻的字，作者
是想放棄方言韻，但很多沒有押對，祇是換上了另外的方言韻而已；或者反
而改錯了，不但連累了原詩的神韻與生氣，反而留下了敗筆，改來改去仍是
方言韻。如新本中《禮教》一詩「緊」與「綑」，《我願》一詩「個」與「我」，
《熱血》中「心」與「根」，《七月的風》中的「靈」與「紋」，《蕙的風》中
「醉」、「蕙」與「飛」，《誰料這裡開了鮮豔的花》中「迹」與「去」，《眼睛》
中「睛」與「飲」，有弄巧成拙之嫌。另外原本中也有許多因察覺不出而沒有
改正，如《戀愛的甜蜜》中「嘴」、「許」與「侶」，《願望》中的「門」與「情」。
此外還有機械式處理的，如《一步一回頭》中加上「非難」以便於「膽寒」
協韻，《謝絕》中爲了與「苦惱」押韻，改「幕了」爲「帳幕一套」，但意義
是重複的，是爲了韻的屈就。可見方言韻切除不當並沒有帶來什麼可圈可點

〔註34〕汪靜之：《蕙的風·自序》，《蕙的風》，北京：人民文學出版社，1957 年版，
　　　　第 1 頁。

之處，有些作品雖然強化了押普通話韻的意識，但也殘存著方言韻的尾韻，而整體上音節的和諧倒退步了。

除改正方音韻之外，進行力度較大的是方言語彙，進行力度最大的則是口語方言句子。前者除「姆媽」、「耍子」、「勿」、「烈熱」、「莫來由」、「怎的」、「勠」、「姆媽」、「鬧熱」之類方言語彙外，還改正了一些個人不規範語彙，如「飛紅著臉」、「園角頭」（《園外》），「綠濃濃的」、「蹈舞」（《西湖雜詩‧五》）；後者係改方言成分的口語句子爲中規中矩的普通話，在當時口語入詩色彩極濃的汪靜之，盡情放情地謳歌愛情，是沒有多少顧慮與猶疑的，字裏行間都透著稚氣與天眞。在改口語句子時最顯著的標誌是大量刪棄表語氣、情態的語助詞。這些語助詞雖然沒有太多的意義，但句子節奏、伸縮度、表達出的韻味，都喪失不少。另外在改句子時大多刪削曲折含蓄的說法，換用古板著臉的普通話，而且一般是生硬、僵化的陳述句。像「北高峰給我登上了」（《西湖雜詩‧三》、「他們滾的滾著雪球；／塑的塑著雪人」（《雪》）、「我遠望著洋洋的海，／我洋洋的心更覺洋洋了。」（《洋洋》）、「我親愛的父母，的姊妹，的朋友呵！」（《西湖雜詩‧七》，「我祇是我底我，／我要怎樣就怎樣」（《自由》）之類的口語化句子或改或刪，都在新版中不見蹤影了。留下的詩，幾乎沒有一首有生氣。不妨看以下幾首原版中最爲傑出的作品：一是詩集中宛若唱片主打歌式的名作《蕙的風》，原詩共四節，修改後合併爲一節，試比較原作的前二節：「是那裡吹來／這蕙花的風——／溫馨的蕙花的風？／／蕙花深鎖在園裏，／伊滿懷著幽怨。／伊底幽香潛出園外，／去招伊所愛的蝶兒。」，修改後成了三句「蕙花深鎖在花園，／滿懷著幽怨。／幽香潛出了園外。」另一例是引起廣泛爭議的《過伊家門外》，原詩爲「我冒犯了人們的指謫，／一步一回頭地瞟我意中人；／我怎樣欣慰而膽寒呵。」改爲《小詩八首》中的《一步一回頭》，全詩爲「我冒犯了人們的指謫非難，／一步一回頭地瞟我意中人，我多麼欣慰而膽寒。」帶母語性質的曲折、舒緩性質的語氣詞、虛詞在修改中大多數被刪除，詩意濃鬱的句子變成較爲呆板的普通話（似乎詩人當時對如火如荼的普通話理解也有偏差），而且用的是板著面孔的陳述句。此外，如《伊底眼》、《醒後的悲哀》等較爲知名的作品都接受了這樣的「待遇」，結果自然可想而知。顯然，這些修改之作與其他修改詩作一樣，基本上像「敏慧的鳥兒，／宛轉地歌唱在樹上」改爲「鳥兒在樹上宛轉地歌唱」一樣，均沒有達到理想效果。據此，有論者一針見血而又不無反諷地認爲：「『修

改』實際上承認了當年攻擊的合理性」。〔註35〕

曾經給汪靜之帶來巨大聲譽的《蕙的風》，事過境遷，三十多年後，在向普通話寫作化的過渡中，每一首詩都逃不掉砍伐的命運，勿庸諱言，這是值得詩歌史認眞反思的。

四

與《蕙的風》時隔三十多年，一旦時過境遷而大舉砍伐不同，李季的《王貴與李香香》倒是一直陸續進行修改，幅度有大有小，與《蕙的風》這樣的大手術相比倒儘是些小手術；另外，他並不是一人之力可爲，而是通過群眾、編輯的幫助與取捨來達到這一步的。可以說兩者既有相似之點，也有不同之處。

《王貴與李香香》出版過多種版本並不斷被重印，自手稿始，這一名篇得到的小修改也特別多，〔註36〕從手稿來看，李季這首長詩是一氣呵成，寫作中很少有改動。寫成後他親自念給鹽池的一些基層區鄉幹部聽，聽取他們的意見並做出相應的修改，也在當地幹部群眾中傳閱，也許是根據作者意見，他們還在手稿上做出了一些改動。手稿上的修改約爲 150 多處，大體圍繞四種情況進行：加強革命鬥爭場面的描寫；刪減王貴與李香香愛情的描寫；突出莊戶人與地主崔二爺的階級矛盾；根據群眾口語對文字進行改動和潤色。這裡僅從群眾口語角度來看文字改動，從當時所改情況來看，幾乎是強化方言化趨勢，理由就是儘量符合群眾口語原生態。如把「安息」改爲「睡下」，「掉隊」改爲「失群」；「三搶二搶搶不掉」改爲「三搶二搶搶不到手」，「王貴痛昏了，啥也不知道」改爲「把王貴痛得直昏過」，「又有吃穿，又有喝」改爲「有吃有穿眞受活」；或者要改也是改用另一種方言表達，如改「胡騷情」爲「胡日弄」。這一切，都說明在當時一切以陝北群眾口語爲準繩，看是否是陝北群眾口頭常說的語彙與句子，凡是有知識份子腔、有歐化腔的，都照改不誤。如李季改「鬧革命的情緒一滿高」改爲「鬧革命的心勁一滿高」，留有旁注爲「『情緒』這不是群眾的話」。類似的例子還有不少，這裡不一一列舉。

〔註35〕姜濤：《「新詩集」與中國新詩的發生》，北京：北京大學出版社，2005 年版，第 196～197 頁。

〔註36〕手稿情況可參見宮蘇藝：《〈王貴與李香香〉的手稿和版本》，《延安文藝研究》1987 年 1 期、2 期。

對於這些群眾意見，《解放日報》的編輯黎辛、馮牧在詩作發表前和作者來回商討過，也擅自作了一些改動與取捨。發表後引起轟動，自然是洛陽紙貴，除了新華通訊社用電訊發出、延安新華廣播電臺進行了廣播之外，許多解放區報紙紛紛轉載，解放區各新華書店印行了不少單行本。第一個正式版本則是 1947 年 4 月香港海洋書屋刊行，第二個正式版本是 1949 年 5 月北京新華書店出版。這些均是根據《解放日報》發表本印行，印行者與編輯自行越俎代庖對個別文字進行了小的變動與修改，其中也涉及到方言語彙的去留。

1952 年起《王貴與李香香》版權歸人民文學出版社，或再版或重印，李季根據時代要求進行了大大小小的修改，最為典型的是 1956 年人民文學出版社第二版。該版出版說明中寫道：「這次重排出版，作者又作了一些重要修改。」除了標點符號大作修改外，文字修改處達三十餘處，修改的重災區則是推翻以前以陝北群眾口語為上的觀念，把陝北方言改正過來。在當時作品走向全國化的語境下，這也是順其自然、權作表態之事。具體而言，如把「牛不老」改為「牛犢」、「牪靈」改為「牪畜」、「到黑裏」改為「黑夜裏」、「胡日弄」改為「胡打算」、「糞爬牛」改為「屎蚵蜋」；「不是人敬的」改為「不識抬舉」、「快裏馬撒紅了個遍」改為「陝北紅了半個天」、「那達想起你那達哭」改為「那裡想起你那裡哭」、「不見我妹妹在那裡盛」改為「不見我妹妹在那裡」……可見從辭彙到句子，都進行了一次重審與篩選，太土了的當然毫無顧慮地拋棄了，而一些從字面意義上較易理解的則保留了，如「短錢」一說，可見在地域方言與全國性普通話之間的過渡詞語保留多，方言特徵辭彙保留少。值得一提的是，後續版本，作者或多或少地繼續作了這方面的修改。——細察《王貴與李香香》作品中方言的變遷史，似乎可以觸摸、感受到糾纏其中的時代背景與創作環境，或可以通過方言化與去方言化的張力，重審群眾語言的命運。

五

通過以上兩部著名詩集的修改考察，我們可以大致肯定，1949 年前後雖然在字面意義上倡導普通話寫作化的語境，但具體內容相差太大導致其實質相差甚遠，在現代詩方言化與去方言化的張力之間，並不是簡單的背道而馳。即使在去方言化的趨勢中，方言化的回歸也偶有發生，同時方言也不能全部剔除淨盡，方言身份的複雜、表現力與詩人語言資源等原因，以及題材上的限制也保護了這一點。

另外，從這個案再返觀新中國後大一統理念指導下的現代詩普通話化，這一轉變本身也是矛盾重重、富於歧義的。當時提倡為語言的純潔和健康而鬥爭，既明顯是為統一的想像國家共同體服務，它還需要經過實踐的檢驗。其一、當時提倡普通話的語言學家，一方面是引用、學習引進的斯大林等政治領袖的語言學觀點，一方面是解釋當時欽定的走拼音文字的道路來看待整個文字改革工作。這似乎在做一個論點偏頗，論據有限而論證又差強人意的論述題。現代詩人在詩作中保存包括攙用方言語彙在內的方言因素，也是貫徹落實毛主席的關於語言問題的指示，即為工農兵服務、丟掉知識份子腔從而通過廣大農村農民們的嘴頭活的語言中去得到寫作的語言資源。這不容反駁，事實上大多數反對者也祇是用不要「濫用方言」來籠統概述。至於反對者們反覆論證毛澤東、魯迅著作中沒有一處方言運用不傳神，不精彩，這種論調的內在邏輯也值得懷疑。我認為，問題的複雜性就是在這些類似的地方難以逾越。

第三節　方言入詩的合法性辯難與認同焦慮

從古典舊詩到現代新詩，從白話入詩到方言入詩，作為整體意義上的「現代詩」在這一歷時性過程中，一方面是不斷呈現並矯正自己的歷史形象，一方面則一直伴隨著歷史合法性的不斷追尋與證明。如果我們細數現代詩歌發生與發展的腳印，就不難發現不論是詩歌圈還是整個包括文學界在內的社會，對現代詩的接納呈現出其餘文體所不曾有的複雜局面，大大小小的論爭，圍繞「詩／非詩」、「舊詩／新詩」、「中國詩／外國詩」對立的兩元此起彼伏，聚訟紛紜，構成極為韌性且還在不斷延伸的歷史鏈條。在古典詩詞作為背景的對立面上，從白話新詩到方言詩，真正掙脫社會的非難而爭得合法的身份並得到認同是如此艱難。這一合法性辯難的過程到底如何定位，它展開的歷史細節有沒有隱含著某種答案呢？到底是「誰」出於什麼目的在說話呢？這些仍像謎一樣糾纏著我們。

一

說到合法性首先進入話題中心的便是，合法性到底是誰製定的規矩，「詩／非詩」的邊界在「誰」的手裏強行劃定？也就是說，對白話詩與方言詩指手劃腳表示不滿的，我們聽到的是究竟誰的聲音，是誰在說話？到底是誰擁

有了這種話語的權利，從中得知究竟有哪些因素對方言入詩的合法性起著關鍵性制約作用。

合法化本來屬於社會學特別是政治權力領域的一個核心概念，大致說來指的是賦予某人某集團以權力並使人們服從的憑據，大的如政權政黨的建立與一個國家的統治，小的如具體某單位部門的領導權轄及其運作模式。不管是天賦人權也好，還是孟德斯鳩的權力制衡也罷，反正在政治領域應用最多。借助這一視角在文化領域也有類似之處。一種文化現象或者某種文學思潮、某一文類存在，不管其內容、形式、風格有何自身特徵，當它們一旦被人「生產」出來成爲存在物，它就面臨被社會認同、接納或被拒斥、反對的命運。這就可以視之爲精神世界中的合法化（或合法性）問題或現象，需要不斷被拋出來加以討論、證明，並在這一過程中不斷合法化。

在以上過程中，最易放到這一天平上的莫過於追新逐異之後湧現出的新鮮事物。在中國近代以來，中國舊文化經歷了前所未有的深刻變革，最終蛻變成爲異質性的中國新文化，於是便最有資格充當這一新鮮事物，最有機會接受合法性過程的考驗。具體如現代詩，如現代詩歌中的方言入詩，更是如此。縱覽民國詩歌史，對方言入詩的質疑之聲時時反覆出現，這些聲音既是詩學理論上的辯難，同時也反映出對它進入詩歌的合法化危機，我們有必要深入分析。

到底誰是判斷它合法性的「立法者」呢？誰有資格與能力來論證、確認這一壟斷性信息？這是合法化辯難中必要的前提。總的來說，作爲精神產品的文化，其合法性是通過多種渠道與方式予以實現的，社會在前進、變化，新的文學形態總會不斷出現，自然帶來不同的意見和爭執，而表達不同觀念、立場的主體，便是「立法者」。這不是某一具體的人也不是某一個團體，而是文學闡釋共同體合力角逐的結果。詩人（詩歌的製作者）和讀者（消費者）共同承擔了這一角色，此外混合兩者力量的政治意識形態及商業化經濟的影響也參與進來。當然其中的任何一方面都是相當複雜的，如以讀者一方爲例，其中包括普通讀者群和專業化的讀者群，後者指的是一時的文學評論工作者具體如詩歌評論精英等。

在類比意義上，這裡不妨引入西方學者鮑曼、費什等人的觀點。鮑曼認爲在美學領域，知識精英群體扮演了「立法者」角色：「在整個摩登時期（包括現代主義時期），美學家們依然牢牢地控制著趣味和藝術判斷領域。這裡的控制意味著不受任何挑戰地操縱各種機制，以使不確定性變爲確定性，意味

著作出決定，發表權威評論，隔離，分離，對現實施以限制性的規定。換句話說，控制意味著對藝術領域行使權力。」〔註37〕雖然在今天看來，「幾個世紀以來一直由知識份子無可爭議地獨佔的權威領域——廣義的文化領域，狹義的『高雅文化』領域，他們都被取代了。」〔註38〕也就是說，雖然立法者正走向沒落，但整個格局仍然還在維持著。美國當代批評家斯坦利‧費什在談及對一個客體的意義進行闡釋時認為：「所有的客體是製作的，而不是被髮現的，它們是我們所實施的解釋策略（interpretive strategies）的製成品。……因此，當我們承認，我們製造了詩歌（作業以及名單之類）時，這就意味著，通過解釋策略，我們創造了它們；但歸根結蒂，解釋策略的根源並不在我們本身而是存在於一個適用於公眾的理解系統中。」〔註39〕綜合這些看法，我們靈活性地界定詩歌領域的合法性問題是詩歌闡釋共同體內所達成的某種共識，由詩歌闡釋共同體的專家或精英知識份子共同擔當是否合法的「裁判」工作。詩歌文本、形式、過程構成一個詩歌知識共同體，也就是一種需要闡釋的整體，詩人、讀者置身於詩歌闡釋共同體內，根據各自的藝術趣味、審美判斷力、時代的藝術時尚與社會意識形態達成某種大致相近的合謀。

　　換言之，以作為專業性讀者的精英群體為主和大量的普通讀者為輔，擰成一股歷史的合力，形成詩歌闡釋共同體，對詩歌領域出現的新鮮事物進行或接納或拒斥的「詩意裁決」。每當某一詩歌現象遭到批判和質疑時，人們就會自然地據實推測它正面臨著合法性危機，它需要通過不同途徑與實力來爭得合法性地位與認同感、歸屬感。不過其具體過程實在相當複雜，有時某一個體或小團體的聲音，引起的合法性危機也相當突出。對於方言入詩而言，更是如此。不過含混的是，「儘管方言能否入詩在中國現代新詩史上還有不同的議論，但在詩歌創作的口語化、樸素化這一點上卻取得了極廣泛的共識。」〔註40〕

〔註37〕〔英〕齊格蒙‧鮑曼：《立法者與闡釋者：論現代性、後現代性與知識份子》，洪濤譯，上海：上海人民出版社，2000年版，第179頁。

〔註38〕〔英〕齊格蒙‧鮑曼：《立法者與闡釋者：論現代性、後現代性與知識份子》，洪濤譯，上海：上海人民出版社，2000年版，第165頁。

〔註39〕〔美〕斯坦利‧費什：《看到一首詩時，怎樣確認它是詩》，見《讀者反應批評：理論與實踐》，文楚安譯，北京：中國社會科學出版社，1998年版，第57頁。

〔註40〕李怡：《中國現代新詩與古典詩歌傳統》，重慶：西南師範大學出版社，1999年版，第126頁。

二

在這一背景下，我們來看方言入詩，就會發現它時時處於雙重合法性危機之下。一是以白話爲媒介的現代新詩一直處於合法性爭論的焦點；二是在白話詩內部，方言入詩成爲「次一級」的合法性論爭。在這雙重合法性辯難中，究竟是誰在說話，誰的非難最有影響，則根據具體情況各不相同，而且似乎很難具體一一尋根溯源。

首先從第一層合法性說起，自胡適、陳獨秀等人力倡白話詩與白話文運動以來，圍繞它進行的爭論可謂是汗牛充棟的了。當時胡適在美國開始嘗試白話詩，便得到朋友們的激烈反對與嘲諷（見第一章三節），後來他於 1917年在國內發表白話詩時，得到的反對之聲也由此開端，雖然當時陳獨秀說出過「必不容反對者有討論之餘地；必以吾輩所主張者爲絕對之是，而不容他人之匡正也」〔註41〕的硬話，但事實上這些武斷性質的片言隻語在新詩合法性獲得的實際意義並不大，僅僅憑藉個人幾句決絕的話語遮不住彌漫的非議之聲。而胡適本人出於本性地小心求證，到處與人往返討論，砥礪切磋，也延長了爭取合法性的時間，他的《嘗試集》就是在不計其數的爭論中出版的。在出版時對印行詩集的理由，他說過這樣的話：

> 我的第一個理由是因爲這一年以來白話散文雖然傳播得很快很遠，但大多數人對於白話詩仍舊很懷疑；還有許多人不但懷疑，簡直持反對的態度。因此，我覺得這個時候有一兩種白話韻文的集子出來，也許可以引起一般人的注意，也許可以供贊成和反對的人作一種參考的材料。第二，我實地試驗白話詩已經三年了，我很想把這三年試驗的結果供獻給國內的文人，作爲我的試驗報告。我很盼望有人把我試驗的結果，仔細研究一番，加上平心靜氣的批評，使我也可以知道這種試驗究竟有沒有成績，用試驗的方法，究竟有沒有錯誤。第三，無論試驗的成績如何，我覺得我的《嘗試集》至少有一件事可以供獻給大家的。這一件可供獻的事就是這本詩所代表的「試驗的精神」。〔註42〕

〔註41〕陳獨秀：《答胡適之》，見《中國新文學大系・建設理論集》，上海：上海良友圖書印刷公司，1935 年版，第 27 頁。

〔註42〕胡適：《〈嘗試集〉自序》，《嘗試集》，北京：人民文學出版社，1984 年版，第149～150 頁。

胡適這樣給民國詩歌史上第一本個人白話新詩集定位，實際上貫通了他「試
驗」的精神。通過在《新青年》等權威媒體上的發表、紙質文本的集中印
刷出版，在傳播層面上提供一種針對性、有效性的閱讀消費，並在作者與
讀者之間拓展出一個闡釋空間。既然是試驗的「新產品」，又在社會流通，
就進入一個公共闡釋空間。置身這一公共闡釋空間的人自然會做出不同的
反應。事實上也是如此，從《嘗試集》始，對初期白話詩（或早期新詩）
的歷史評價與定位，一直是個聚訟紛紜的話題，最早有林紓、胡先驌、章
太炎、李思純、梅光迪、吳宓等人，對白話新詩的歷史合法性進行激烈批
判，繼而又有成仿吾、梁實秋、聞一多、穆木天等人，在承認白話而否定
「詩」的原則出發，整體抨擊初期白話詩只有白話而沒有「詩」，即早期白
話詩完成了語言工具、詩體形式的轉型，但在審美經驗層面建樹不多。〔註
43〕後來的新月詩派、初期象徵派、現代派、中國新詩派等詩歌團體與新的
審美因素的彌補，才使白話新詩不斷在自我否定中走上了「否定——肯定
——否定」這一不斷螺旋式發展的藝術軌道。但即使這樣不斷矯正，仍有
人不斷質疑，代表性的如 30 年代的魯迅，60 年代的毛澤東，〔註44〕90 年
代鄭敏在「世紀末回顧」中對胡適等人的缺席審判，〔註45〕都不約而同地
認為白話新詩沒有取得最後的成功，不管時間如何推延仍處於嘗試階段。
於是白話新詩的合法性危機一直延續到當下，「從胡適的『老鴉』，郭沫若
的『女神』到如今中國新詩的近百年的旅途中，雖說新詩從無到有，已有
了相當數量的積累和不少詩歌藝術的嘗試，但總的說來，作為漢語詩歌，
中國新詩仍處在尋找自己的階段；尋找自己的詩歌人格，詩歌形象，詩歌
的漢語特色。」〔註46〕「胡適之先生所提倡的『白話文』是百分之百地成
功了，但是『白話詩』則未必——至少是還未脫離『嘗試』階段。」〔註47〕

〔註43〕 典型的如龍泉明：《五四白話新詩的「非詩化」傾向與歷史局限》，《文學評論》
1995 年 1 期。

〔註44〕 毛澤東 1965 年在給陳毅的一封信中說：「但用白話寫詩，幾十年來，迄無成
功。」引自胡國強主編：《毛澤東詩詞疏證》，重慶：西南師範大學出版社，
1996 年版，第 456 頁。

〔註45〕 鄭敏：《世紀末的回顧：漢詩語言變革與中國新詩創作》，《文學評論》1993
年 3 期。

〔註46〕 鄭敏：《新詩百年探索與後新詩潮》，《文學評論》1998 年 4 期。

〔註47〕 唐德剛的論斷，見胡適口述，唐德剛譯注：《胡適口述自傳》，桂林：廣西師
範大學出版社，2005 年版，第 159 頁。

「中國新詩至今、甚至在今後相當的時期內，都可以說還祇是一場實驗運動。」〔註 48〕類似的觀點還不少，這裡不一一羅列。作爲詩歌闡釋共同體內的精英人士，爲什麼這樣說，其依據是什麼，看似詳備，其實我們也看不清楚，但總有人對白話新詩的合法性纏住不放是溢於言表的。從上述判斷中不難看出，新／舊、中／外，傳統／現代是始終呈現二元對立的複雜關係，對立的一方仍是批判的焦點與內定的目標。當然，在民國詩歌史上，爲新詩正名和辯護的聲音也一直存在，朱自清、廢名、茅盾、王富仁等人的言論就是其中的代表，如王富仁在反擊當下否定新詩的論調、爲新詩辯護時說：「有些人用新詩創作成就的薄弱否定新詩這種文體形式的價值和意義，我認爲，這是極不公平的。在任何時代，都是出類拔萃的作品少，而不能傳世的作品多。但只要將現當代那些最好的詩歌精選出來，我們就會看到，它們在詩歌形式創造的成就上是遠遠超過中國古典格律詩的創作的」，並總結肯定「新詩是有前途的」。〔註 49〕

　　上述爭執或者是針對初期白話詩，或者是整體意義上的新詩，除此之外，對於新詩內部多種向度展開也進行過不少合法性辨難，如詩中「醜的字句」是否合法的論爭；如 30 年代以智性爲維度的嘗試何去何從；如新詩中的晦澀、抽象抒情到底如何估價；如 40 年代詩歌如何處理普及與提高的關係，等等，也是層出不窮的。

　　其次，再來看白話新詩內部之一種即方言詩的合法性。自從胡適把打油詩與方言詩做出刪選編成《嘗試集》後，對方言入詩的可能性評論也並不少見，雖然也有相當多的隱匿者，它常常躲過了人們的批評之箭。另外一方面它夾雜在對白話詩的整體否定中難以抽繹出來，一方面也有單獨成爲合法性辯難的時候。如林紓、黃侃對初期白話詩視爲販夫走卒之言的聲討；新月同仁朱湘對聞一多、徐志摩土音入韻的批評；四十年代潔泯等人對《馬凡陀山歌》的指責，葉逸民等人對沙鷗四川方言詩的否定，都是其中經典性的案例。拉長歷史來看，則更清楚。如就沙鷗四川方言詩而言，他三四本方言詩集在 1949 年後從來沒有重版過，自行毀棄甚爲普遍，如 1955 年《紅花》詩集出版時，抽取以前少量的四川方言詩編成一輯，1949 年後寫的大部分短詩，編成

〔註 48〕沈用大：《中國新詩史（1918～1949）》，福州：福建人民出版社，2006 年版，第 10 頁。
〔註 49〕王富仁：《爲新詩辯護》，《文學評論》2006 年 1 期。

第二輯，兩輯相對更鮮明地顯示第二輯「爲新中國歌唱」這一主題。〔註50〕後來連沙鷗之子止菴也說「現在看來，用方言寫詩，在藝術上不可能是多麼有價值的探索。」〔註51〕出於此觀念，上個世紀90年代當沙鷗去世後，止菴在編輯《沙鷗詩選》一書時，整個四川方言詩就只選了九首作爲附集附在書後。〔註52〕又如徐志摩《一條金色的光痕》、《殘詩》等方言詩，除民國時期絕大多數論者持肯定意見外，在1949年之後的語境中，卻遭遇了更多的非議。如巴人在五十年代針對陳夢家肯定這類詩「自以爲得音色之妙」、「個人總以爲這條道路是正確的」〔註53〕後，斷定「就是音節推敲得怎樣鏗鏘，也不過是『文字遊戲』罷了。」〔註54〕新時期以來，有論者再次宣判這一詩體的合理存在，認爲它們不是新詩，其理由即「問題出在它採用了方言」，而新詩是指「國語新詩」。〔註55〕再如40年代著名刊物《中國詩壇》，當年曾大量刊載方言詩，80年代有學者編成《南國詩潮——〈中國詩壇〉詩選》〔註56〕時則完全予以剔除。這些事件或具體例子，從不同層面對方言詩的合法性進行懷疑與顛覆，可知在現代詩歌內部這「次一級」的合法性辯難，更爲艱難與漫長。

　　值得強調的是，對方言入詩的合法性質疑，一個突出的現像是它一直伴隨著方言文學的爭論而一路前行，而且往往是夾在方言文學論爭裏面添列爲「陪葬品」之列，說得輕一點是提倡方言文學就是爲方言開路，阻止國語的統一，言重一點則是「『方言的文學』，不無倒行逆施之嫌」。〔註57〕民國文學史上，有關方言文學較大的爭論也有數起，這裡僅四十年代華南（香港、廣州等地）方

〔註50〕據詩人自述，也改方言爲中性詞「口語」，原文爲「一九四四年，在我學習寫詩的歷程中，有了一點轉變。從這一年開始，我注意了我生活的四川鄉村的貧苦農民的生活，我試著用詩來表現他們在蔣介石暴政下的痛苦與憤怒的情緒，也試著在詩中採用他們的口語。」見沙鷗：《紅花·後記》，北京：作家出版社，1955年版，第120頁。

〔註51〕止菴：《師友之間》，《插花地冊子》，北京：東方出版社，2001年版，第28頁。

〔註52〕參見沙鷗著，止菴編：《沙鷗詩選》，北京：人民文學出版社，1996年版。

〔註53〕陳夢家：《談談徐志摩的詩》，《詩刊》1957年2期。

〔註54〕巴人：《也談徐志摩的詩》，《詩刊》1957年11期。

〔註55〕駱寒超：《20世紀新詩綜論》，上海：學林出版社，2001年版，第498頁。

〔註56〕陳頌聲，鄧國偉編：《《南國詩潮——〈中國詩壇〉詩選》，廣州：花城出版社，1986年版。

〔註57〕引自冬（估計是李辰冬——筆者注）：《方言文學與國語文學》，《文藝先鋒》3卷2期，1943年8月20日。

言文學運動爲例。四十年代後期，會聚香港的文藝工作者曾經發起過方言文學運動的高潮。滯留華南的文人如郭沫若、茅盾、鍾敬文、華嘉、周鋼鳴、林林、薛汕、沙鷗、馮乃超、邵荃麟、樓棲、黃繩等人，圍繞《正報》、《華商報》、《華僑日報》等副刊和《新詩歌》、《大眾文藝叢刊》等刊物，集體回應了共產黨關於文藝大眾化、群眾化的號召。具體以方言詩而言，當時發表了大量的方言詩作與理論文章，僅《華商報・茶亭》副刊有一段時期差不多成了方言詩的專刊，出版過客家方言詩集《鴛鴦子》（樓棲），潮州方言詩集《暹羅救濟米》（丹木）、《潮州有個許亞標》（黃雨）等多部。後來包括方言詩在內的整個方言文學運動進展到了這一地步，即華南方言文學運動走上和工農兵結合的道路，已取得輝煌的成績，文協香港分會的代表，且已把《在全國各處發展方言文學運動》的提案正式帶到北平的第一次文代會上去。至於後來過程如何不得而知，但結果是知道的：方言文學運動尾隨著新生的共和國的建立而煙消雲散，再次陷入合法性危機的泥淖之中。僅以當時茅盾爲例，在當時的方言文學動動中，連續發表高調肯定方言文學，如《雜談「方言文學」》、《再談「方言文學」》，〔註58〕把方言文學與白話文並列，但在第一次文代會上只象徵性地提及而已，〔註59〕隨後於建國後基本上諱莫如深。

三

　　以上這些合法論辯難的現象背後，顯然有複雜的原因，不過最基本的特徵是，它有如下本質的缺陷：一是參照系的缺失，作爲合法性的參照系，一直找不到客觀的標準，對現代詩歌的合法性重估，主要是相對於傳統舊詩而

〔註58〕　前文發表於香港《群眾》周刊第二卷三期，1948 年 1 月 29 日，主要觀點爲：華南方言文學受解放區文學與時局開展的影響；「國語文學」不能成立，五四以來的白話文學是一種北方的口語文學，是北中國的方言文學；文學大眾化恐怕只有通過方言這一條路；方言文學不但不會妨礙將來的全國性語言之產生，而且有助於它的產生。後文發表於《大眾文藝叢刊》第一輯，1948 年 3 月 1 日，此文更進一步認爲白話文學是方言文學，各地方言文學與北方語的白話文學是並列的文學；解放區文學的民間形式與大眾化，是用口語，即是用方言寫成，都是必須的和可取的。

〔註59〕　茅盾在《在反動派壓迫下鬥爭和發展的革命文藝——十年來國統區革命文藝運動報告提綱》中提到民族形式問題的論爭時說：「在這次論爭後若干年間，斷續進行關於方言文藝、關於民歌民謠的研究與討論，大體上都能發揮這次論爭的積極成果，而給與創作活動以好的影響。」見茅盾：《茅盾全集》（第 24 卷），北京：人民文學出版社，1996 年版，第 52 頁。

論，如從古典詩的境界、形式、意象、語言、體式來論，或者如鄭敏所論是「西化」歐化的產物並有進一步將此妖魔化的可能，現代詩歌忽略了現代漢語的特點，宣判它的存在是不合法的，兩種觀念的確認結論是它導致了詩歌的歷史斷裂性。對於現代詩歌的合法性而言，其不合法性根源來自詩歌闡釋共同體中有一種重返傳統化歷史衝動的聲音，它始終靜態性地維護中華文化的古老傳統，並將它視爲一個亙古不變的整體。假如失去了自己文化上的本根，尋不到根之所在，就不承認它是合法的繼承者。而對於方言入詩而言，則一般是從語言入手，認爲方言是通行某一區域的地方性語言，不能流行到全國，而不能全國性的就不合法。〔註60〕尤其在 1949 年後普通話寫作占絕對主導位的語境中，認爲普通話寫作是正宗，是黨與政府製定的文藝政策，不得不執行，至於它好在哪裡，有沒有弊病，則很少深加思索，實際上當時整個社會也沒有提供多少獨立空間供人自由思考。〔註61〕

其次，這些合法性論爭本身以及同一個體前後的表述，也是互相矛盾、衝突的。內部的不一致，往往從不同聲音中可以清晰地辨別出來。對現代詩歌的不斷質疑，對方言文學與方言入詩的種種責難，這一系列的合法化與去合法化過程，其實是某些個體出於各自目的的一種權宜說法。明明知道重新傳統化，已無可能；明明知道這樣說並不是內心眞實的想法，但也不得不在外力的壓制下改弦換轍。另外質疑者一般都沒有開出藥方，即使開了藥方的也難以保證藥方有效。因此總的來說，詩歌闡釋共同體從來沒有做出眞正一致的裁斷，其內部某一種聲音的出現，反映的是個體的意見，因爲某個體帶有相對的權威性，從表面看來又帶有普遍性，從而引發闡釋共同體內持續不斷的關注與討論。在合法性與非法性之間，他們或者出於意識形態變遷而出

〔註60〕這些看法其實早在五四新文化運動以前就存在，例如中國公學競業學會一署名「大武」的會員，在二十世紀初便在作文《論學官話的好處》中稱「要救中國，先要聯合中國的人心。要聯合中國的人心，先要統一中國的言語。……但現今中國的語言也不知有多少種，如何叫他們合而爲一呢？……除了通用官話，更別無法子了。但是官話的種類也很不少，有南方官話，有北方官話，有北京官話。現在中國全國通行官話，只須摹仿北京官話，自成一種普通國語哩。」轉引自胡適：《四十自述》，《胡適文集》（第 2 卷），北京：人民文學出版社，1998 年版，第 423 頁。

〔註61〕當下有不少人著文發出保護方言權的保衛戰，也有法律工作者從憲法等法律條款出發來加以論證方言的語言權，典型的如劉飛宇、石俊：《語言權的限制與保護——從地方方言譯製片被禁說起》，《法學論壇》2005 年 6 期。

爾反爾，或者出於認同焦慮而登高一呼，一起共建並宰制了這一闡釋空間。
比較起來，後者帶有民族主義精英文化情結，隱含一種對中國現代詩歌走向
的深切憂慮。這種憂慮自近代以來一直像幽靈一般縈繞在闡釋共同體中，體
現一種對中國詩歌異質化、他者化的牽制意識。這種持傳統文化斷裂論的詩
學觀，反映出共同體內部某種價值取向和文化選擇。

　　我認為關鍵的問題是，方言入詩在討論需不需要異質化與他者化上，幾
乎不能整齊劃一，最主要的莫過於這一合法化背後的核心因素，有以下幾點：
一是讀者意識的迎合與經典作品的訴求，其次是意識形態的宰制與趣味時尚
的牽引，再次是文化認同的標準與背景。

四

　　方言入詩合法性的認同危機，首先是讀者因素的干擾與經典訴求的衝
動。現代詩歌似乎一直缺少足夠的讀者群，早在 20 年代，詩人朱湘曾有過分
析，與新文學作者家庭出身之單調類似，新文學的作者也是相當狹仄的，「如
今這少量的識字階級內，還可以分成有閒階級與無閒階級。無閒階級根本就
看不了書，即使書中描寫著他們的生活。至於有閒階級，就中也有一部分根
本就不看書，他們寧可去賭博，抽鴉片，追女人；就中看書的，也有一部分
根本就不看新文學，無論它是『貴族』的，還是『平民』的。這是就讀者來
講，新文學分不了貴族與平民。」〔註62〕茅盾也曾估量過：「粗說起來，中國
有百分之八十的文盲，而在這百分之二十識字者之中，能看書報的最多不過
百分之十五六罷，可是這百分之十五六中，大多數不是新文藝的讀者。並不
是他們不知道有新文藝作品，而是他們總覺得新文藝作品不夠味。」〔註63〕
從引述內容看，這還是針對整個新文學而言的，如果縮小到現代詩歌，再縮
小到方言詩，可知這一讀者群特別稀疏。為了贏得更多的讀者，採取大眾化
的方言入詩寫作，但底層讀者仍難以「消費」這些作品，最終還是同道中人
或青年學生進行消費，他們或是以為新穎好奇好玩，或是作為一種遊戲筆墨，
因此淺嘗輒止者居多，真正持久地進行方言詩嘗試的人或流派可謂鳳毛麟

〔註62〕　朱湘：《貴族與平民》，蒲花塘，曉非編：《朱湘散文》（上集），北京：中國廣
　　　　　播電視出版社，1994 年版，第 273～274 頁。
〔註63〕　茅盾：《文藝大眾化問題——二月十四日在漢口量才圖書館的講演》，《茅盾全
　　　　　集》（第 21 卷），北京：人民文學出版社，1991 年版，第 355 頁。

角。即使是新月詩派的土白入詩嘗試，在比例上占的份額相當少，同時也得不到底層讀者的閱讀。即使是徐志摩《一條金色的光痕》以及他們的北京土白寫的人力車夫題材的方言詩之類，人力車夫這一受眾群體估計也是看不到的。這是一個巨大的悖論，爲大眾化群眾化目的而寫，卻進入不了大眾的視野；大而言之，即使是民國詩史上的代表性詩集，也沒有多少銷量，如發行最廣的胡適之的《嘗試集》，出版三年已出四版，印數一萬五千冊，據汪原放統計到 1953 年亞東結業時，共出四萬七千冊。《蕙的風》剛一出版，「風行一時，到前三年止銷了二萬餘部。」〔註64〕郭沫若的《女神》出版兩年內也出四版，到 1935 年達 12 版，在一個逐漸商業化的時代，數量顯然起著不可估量的作用，而讀者就意味著數量。作爲消費者的普通讀者，其愛好與消費趣味也暗中影響詩人們的創作興趣。在普通讀者群上，《馬凡陀山歌》有相當出色的成績，當時在城市小市民群體中得到普遍的歡迎，如產業工人、店員、小販等不同職業人群。〔註65〕高蘭的朗誦詩也是如此，在《大公報》風行期間，據當時組織者與推動者回憶「一看見副刊上有高蘭的朗誦詩，無不爭相閱讀。高蘭的朗誦詩在抗戰前一年不啻戰場上的千軍萬馬那麼有力，那麼影響人心」。〔註66〕與普通受眾不同的專業化讀者，他們往往在詩歌知識方面以中產階級趣味爲主，幾乎成爲左右方言入詩合法性的主導力量，擁有某種權威性。而且不可否認的是，這兩類讀者群，他們的愛好、趣味、觀念都會隨著時代、社會、時尚、意識形態等等因素的變化而相應做出調整，有時甚至是背道而馳。因此，從讀者因素而言，實在無法準確判斷其觀點的眞理含量，從而也就無法樹立一個顛撲不破的永恒合法性標準。但事實上我們缺乏的是朱自清式的態度「在讀者一面，只要方言用得適當，也會覺得新鮮或別致。這不能算是脫節。我雖然贊成定北平話爲標準，卻也欣賞純方言或夾方言的寫作。……國語似乎該來個門戶開放政策，才能成其爲國語。」〔註67〕

其次，作品經典化的訴求，也影響方言入詩的合法性與普適性。有學者認爲經典既是實在本體又是關係本體，是那些能產生持久影響的偉大作品，

〔註64〕汪原放：《回憶亞東圖書館》，上海：學林出版社，1983 年版，第 53，82 頁。
〔註65〕參見默涵：《關於馬凡陀的山歌》，韓麗梅編著：《袁水拍研究資料》，北京：中國國際廣播出版社，2003 年版。
〔註66〕陳紀瀅：《三十年代作家論》，臺灣：成文出版社，1980 年版，第 289 頁。
〔註67〕朱自清：《誦讀教學》，《朱自清全集》（第三卷），南京：江蘇教育出版社，1996年版，第 179 頁。

它具有原創性、典範性和歷史穿透性。意識形態、精神價值以及知識、審美諸系統的變化與整合促成了中國現代文學經典的誕生；革命化與審美化、民族化與現代化、大眾化與精英化三對關係是經典延傳的不同路向。〔註 68〕但問題是，經典是「誰」來慢慢建構，什麼是經典，這些既是一個流動的概念而且還是相當模糊不清難以給予具體而準確的理性概括。不過，普遍意義擁有經典的屬性，我認爲標準之一便是當時的詩歌時評，它佔有一個相當重要的位置。不管出於什麼原因與目的，當時的詩評一旦白紙黑字定格下來便充當了歷史現場的在場者，雖然後來有不少重讀與重評之作，但始終受到當時論者的牽制，現代學術一般綜述與研究之研究都是建立在這一基礎上。因此當某一作品在當時受到歡迎時，也就有了類似的歷史效果。如以當時徐志摩的作品爲例，經典性的是《志摩的詩》中的土白詩，發表當初便得到胡適、朱自清、蒲風、甚至帶有一點批駁意味的朱湘等人的好評，在徐志摩死後別人爲他所編的代表作詩選中，均是保留之作。〔註 69〕又如李季的《王貴與李香香》，在《解放日報》發表後得到報社編者，延安宣傳部門以及郭沫若、周而復、茅盾等人的高度肯定，最後還通過不斷重版印刷，始終具有經典化的魅力與地位。經典化的構建與具體的出版、評論息息相關。

　　再次，方言入詩與社會風習和意識形態也密切相關。任何一種文學現象與文體演變，都與外部的社會因素有不可或缺的內在聯繫。發難時期的新文學整體上是呼喚「人的文學」的回歸，是平民化運動的一環。詩歌工具的白話化，最初設想也是面對大眾爲大眾服務的，精英知識份子企圖通過語言的言文合一來消除社會階級的對立。因此整體上看，從白話入詩始，如果按照胡適所說「有什麼話，說什麼話；話怎麼說，就怎麼說」的邏輯，那麼言文

〔註 68〕黃曼君：《中國現代文學經典的誕生與延傳》，《中國社會科學》2004 年 3 期。
〔註 69〕如以北京土白詩《殘詩》和硤石土白詩《一條金色的光痕》二首爲例，選編情況是：薛時進編《現代中國詩歌選》（上海亞細亞書局 1933 年版），選徐志摩詩 10 首，其中有《殘詩》；朱自清選編《中國新文學大系・詩集》（上海良友圖書印刷公司 1935 年版）選徐志摩詩 26 首，包括此兩首；錢公俠、施瑛編《詩》（上海啓明書局 1936 年版）選徐志摩詩 15 首，包括此兩首；徐沈泗、葉忘憂編《徐志摩選集》（上海萬象書屋 1936 年版），收錄詩作 33 首，包括此兩首；三通書局編輯部編《徐志摩代表作》（上海三通書局 1941 年版），收錄詩作 43 首，包括此兩首；李德予編《徐志摩詩選》（重慶大華書局 1944 年版，共錄詩 44 首，包話此兩首；聞一多編《現代詩鈔》（開明書店，1948 年版）選徐志摩詩 12 首，包括《殘詩》一首在內。

一致的現代詩歌走上方言入詩的道路應是自然而然的過渡。但事實並非如此，胡適等人也不斷修正語言資源觀念，實際上越到後來，離當初的邏輯與設想越遠。這就是從言文脫離的文言化軌道滑離後，再一次跌進言文再次脫軌的歐化一路，以至於到 30 年代大眾語運動興起時成為清算的對象。瞿秋白就偏激地批評是「五四式的新文言，是中國文言文法，歐洲文法，日本文法和現代白話以及古代白話雜湊起來的一種文字，根本是口頭上讀不出來的文字。」〔註70〕在當時的國語統一運動，也有人通過質疑國語而為方言正名：「國語羅馬字崇奉北平話為國語，名為提倡國語統一，實際上是北平話獨裁……叫一個上海的、福州的或廣州的苦人同時學北平話又學羅馬字，那幾乎是和學外國話一樣的難。」〔註71〕

因此，從地域方言入手切入去接觸各個方言地域的普通民眾，時時成為國家、社會，也成為民國以後新文學作家的一道重複性的難題。在抗戰前夕的宣傳、動員中慎重考慮過，在長期抗戰烽火中更是如此。但它是階段性的，立足於地域祇是暫時目標，〔註72〕而國語統一與現代民族國家想像共同體的建設則是長遠目標，一旦暫時目標實現了便丟在一邊難以自顧。這兩方面的對立帶有根本性價值取向，很難調和妥協，最多祇是延長暫時目標的期限，最終還是要滑離出去。從意識形態的高度來看，這一點尤其醒目。當毛澤東的延安講話強調文藝的民族形式與為工農兵服務的目標時，就著力宣傳認真學習群眾的語言（即民眾方言），於是不管是華北、還是華南，不管是解放區還是國統區，全都以此為圭臬。有了這一定心丸，讀者意識的尋求，現代詩經典化建立，也依此製定了相應的藝術標準。事實上，這一合法性的獲取，普通讀者群仍沒有多少實質性的改變，他們不能參與到合法性的重建中來。

〔註70〕 瞿秋白：《大眾文藝的問題》，《瞿秋白文集》文學編第三卷，北京：人民文學出版社，1989 年版，第 16 頁。

〔註71〕 《我們對於推行新文字的意見》，見倪海曙編：《中國語文的新生》，時代出版社，1949 年版，第 120 頁。這是 1935 年 12 月在上海成立的「中國新文字研究會」徵求各界人士簽名中的宣言，當時簽名者達 688 個，其中包括魯迅、郭沫若、茅盾、蔡元培、陳望道等知名人士。

〔註72〕 如當時代表性的意見是，在群眾文化水平低下時，詩歌要充分為他們所喜愛，「只有借重於開展方言詩一途」。見懷淑：《廣泛開展方言詩運動》，《新詩歌》叢刊，第 7 輯，1948 年 2 月。「方言詩不是詩歌最後的形式，它僅僅是完成詩歌大眾化的一個必不可少的，過渡的階段。」見沙鷗：《關於方言詩》，《新華日報》副刊，1946 年 11 月 2 日。

積極全面參與進來的還是精英知識份子，雖然其作品有粗陋化、簡單化的毛病，習慣以具體性、近取譬等手法來搭建作品，經不住一再推敲，但也來不及考慮這些因素了。現代詩歌的方言化，方言入詩的合法化，可謂是成也蕭何，敗也蕭何，最終關鍵與政黨的文藝政策與意識形態內容等因素共浮沉。

五

　　最後集中涉及現代詩方言化與文化認同的複雜關係。文化認同與民族國家想像共同體一類的概念結合在一起，具體途徑則不一，在文學藝術領域，則可以發現其背後某種一致性的東西存在。從語言上看，則是民國時期國語統一運動與 1949 年後普通話寫作語境。因國語統一運動過於龐雜，而且這一時期也沒有形成眞正意義上的民族國家想像共同體，因此這裡主要以現代詩的普通話寫作與方言寫作爲參照系，逐一深入下去。

　　通過語言的統一與認同，達到文化民族國家認同的目標，實在是一脈相承的。從文化本身角度來看，文化既是某種生活方式，也是某種存在策略，不同歷史時期的人們，通過文化爲紐帶，對民族、國家、集體、時代之類的存在產生認同感。所謂認同，就包括不同區域、背景的人群在理智上形成共識，情感上產生共鳴，意志上達成共有。這樣，一方面它是將自己與他者區別開來的方式；另一方面，又把自己與其他生命個體聯繫起來。中國自古以來就是一個多民族國家，一個有分有合且合多於分的歷史傳統的統一體。不同歷史時期，各民族強烈的文化認同傳統與民族自豪感，有益於全民族和整個國家。特別是 19 世紀中期以來，中國受到殖民主義、帝國主義的侵略，國人震驚，眼界和思想都發生了極大的變化，國家觀念，疆域觀念，民族觀念，文化觀念都與以往有所不同，中華民族的歷史文化認同傳統進入了一個新的發展階段。積弱積貧的國家，渴求統一、繁榮、強大，這一切自然是全體中華兒女所能理解、支持並企盼的。中華人民共和國成立後所發動的，包括普通話寫作在內的具有文化認同性質的運動，也得力於這一愛國情感與歸屬感的歷史凝結。尋找家園，尋找依託，給正在生長的共和國文化提供了有力的紐帶，提供了一個空間。

　　去方言化而傾向普通話化寫作的背後是文化認同，文化認同的背後反映著利益的訴求。擇其大略，民族利益和國家利益成爲建國初最緊迫的一件大事，當時認同中華文明和中華人民共和國，是一個翻身作了主人，從此站起

來了的人們，從內心深處湧動的情愫。因此，反對民族分裂，實現祖國統一，大力弘揚和培育民族精神，作爲一個戰略性工程，它不僅是民族復興的內在要求，也關係到我們的子孫後代對民族和國家利益的持久認同性上。同時，這也是政黨利益的訴求。對於執政黨與政府而言，能不能在全民族的範圍內，把不同階級、階層、不同信仰、立場、思想的人們凝聚起來，最大限度地實現民族和國家的利益，是他們面臨的重大考驗。這一點毫無疑義是它的生存之本，在歷史上也是有例可循的。任何一個主權國家，一旦結束分裂、割據的政治局面，便會在意識形態領域中劃定範圍，並把自己圈在中心。如日本殖民統治臺灣期間與國民黨退守臺灣期間便是如此。日本佔據臺灣期間，日本殖民政府於 1895 年在臺北芝山岩設立國語傳習所，日語變成了臺灣的國語，學校的正規教育以日語授課爲主。到 1944 年，國語（日語）普及率達到百分之七十一。戰後，臺灣回歸中國，爲了逆轉日據時期異化的文化認同，從大陸帶去的漢語普通話作爲國語剛性強硬地植入臺灣。國民黨以爲被日本統治五十年的臺灣人充滿日本思想遺毒，爲了讓臺灣人認識中國文化，正規教育裏必須將臺灣完全去日本化而代之以中國化，包括禁止方言。從禁止臺灣作家的日文寫作到禁止閩南語等當地方言寫作而普及國語，也即當時的普通話，這一趨勢到 1991 年，國語普及率即已達百分之九十一。〔註73〕

　　此外，普通話寫作與文化認同在互動中，催生了另一特質，它既有具體可操作性，其內涵又有不斷滑離的可能。總的是從民族、國家認同的層面，逐漸滑到個人權威、個人崇拜的境地，而且在整個過程中，過渡得很自然。如前面所提及的，在 1950 年代初期，醞釀與強行推廣的普通話，一個顯著的背景是領導意志下走漢字拼音化道路，整個五十年代大部分時間所發表的這方面文章與著作，都陷於這個時代的侷限性中。又如對當時方言寫作的指責，一方面不得不應付領袖的指示和文件，一面又要反對，只好搬用一個大而空的不得「濫用方言」爲武器而展開，這樣不免是吃力的：或論而不精，或流於表態。其次，文化認同背後對體制化的納入與整合，也逐漸走強。通過知識份子的自我運動與各方面支持，政治人物的目的慢慢滲透進來，知識份子本身隊伍的分化也悄然加大。一邊是熱火朝天的現實，一邊是措手不及的生活。拉攏與壓制，認同與疏離，在文化認同的同時，一群群作家失去了寫作

─────────────

〔註73〕參見方耀乾：《爲父老立像，爲土地照妖：論向陽的台語詩》，《臺灣詩學》學刊三號，2004 年 6 月。

的激情與靈感，也失去了寫作的動力與信心。具體而言，像發生火災時面對水源舍近取遠一樣，一個作家捨棄了他最熟悉的語言、題材、情感表達方式，變得像鸚鵡學舌一樣寫作，真正的寫作危機便變得不可克服。就當時成為眾矢之的的指責對象周立波來說，難道他的寫作就是一味地擺弄東北、湖南方言嗎？其實像李季、沙鷗、艾青等人一樣，他們不管是在民國時期的創作，還是 1950 年代所進行的寫作，都是在口語這一汪洋大海中進行沙裏淘金式的語言處理。有方言成分，又有什麼要緊呢？退一大步看，方言土語，歇後語，也有曇花一現的生存理由。有學者總是認為，方言在普通話強大力量的裏挾中，有的弱小的方言可能就逐漸喪失自己的位置而溶入到普通話中去，另外有些流通較廣，文化歷史基礎深厚的方言就可能原地踏步、偏安一隅。其實，地方語言本身的發展，也是不為某些人願望所左右的。地方語的發展，與各種形式的地方文藝也是互為支撐，它的歷史也是無止境的。因為「國語與方言是並立的：方言是永遠不能消滅的。方言既不能消滅，在方言中就有了語言的教育。」〔註 74〕

　　總而言之，通過普通話寫作提倡，達到文化認同的目的，最為關鍵的是進行的方式、預設的軌道與背後的真正動機。其中，思想自由與表達自由，寫作自由與多樣化，則是不可缺少的。文化認同的結果，不是導向文化崩潰，而是為了贏得文化繁榮。

結　語

　　方言入詩的合法性危機與文化認同焦慮，正如上述所及本身並不是單一的問題，而是糾合了各種內外、主客因素，本身與文學、文藝、文化，以及政治、經濟也是層層重疊著，有著千絲萬縷的聯繫。受到以上力量制約的詩歌闡釋共同體在整個社會結構網點中，主動承擔起了立法裁判的職責，一路追問方言入詩的合法性，在方言化與去方言化、去傳統化與重新傳統化的過程中，一邊主動出擊一邊自動收縮，留下了許多經驗教訓。

　　不過值得總結的是，方言本身與傳統本身一樣，並不是一成不變的，傳統的發展始終依賴於吸收古今中外的養分，並進一步抽出新的嫩芽，方言的發展始終與共同語及其餘方言相互倚仗，並進一步輸入輸出。因此，我們需要的不

〔註 74〕劉半農：《〈四聲實驗錄〉序贅》，《半農雜文》，石家莊：河北教育出版社，1994
　　　　年版，第 154 頁。

是古典意義上的傳統，而是一種現代意義上的傳統，我們需要的不是靜態的方言，而是現代流動不居的活的語言。差異性的寫作來自異質性因素的存在，在此基礎上，其合法性也獲得一個開闊的視野，最終的目的不祇是承認其合法性，而是肯定文化的多元性。普通話寫作，像方言寫作一樣，自有其優劣，如果否認這一點，一刀切，既有違常理又可能作繭自縛。同時，由如何寫作的取捨，漸進到文化認同的高度，歸根結底是不同詩人自身的選擇。

餘論：困惑與誘惑

通過正文上下兩篇的論述，本書已從縱向與橫向兩個層面交錯闡釋了母語與中國現代詩的複雜糾結關係。不論是縱的承繼與流變，還是橫向維度上方言入詩內部的細節展開，論者都力求展示民國時期現代白話詩因語言整體結構上的白話化、口語化傾向，而與原生態母語方言所保持的血緣關係。

白話詩正統以立之後，相比於舊詩而言，方言與現代詩歌的關係在刷新中得到了某種鞏固，正是因為口語、方言的推動，使現代詩向前流動有了根本的依靠力量。另一方面，由白話詩而新詩，乃至以現代漢語為基礎的「現代漢詩」命名的出現，又意味著現代詩歌語言具有多層面性和混合性。除直接導致語言上的提煉、純化之外，某種受傳統影響的「雅正」、「規範化」機制又無形中啓動，去方言化這一牽制也在這一過程中強化了。因此，方言母語與作為籠統意義上的某種規範化民族共同語，如同一個鐘擺的兩端。它或偏於方言母語一端，或偏於民族共同語一端，難以真正靜止下來。換言之，似乎可以借用新時期一部小說《一半是海水一半是火焰》（王朔）之名，形象地指認為「一半是困惑，一半是誘惑」。方言入詩的困惑與誘惑，構成現代白話詩的鐘擺現象，具體的擺向依賴於特定歷史時期差異性因素的角逐。

一

就方言入詩的困惑而言，其淵源既來自於它屢弱傳統的傳承，又是方言本性的侷限所致；既源自於大一統意識形態的牽制，又是具體語境下對各地詩人語言資源一體化整合所致。具體而言，首先可以從方言入詩的歷史流變來看。總的來說它有悠遠而又略顯殘破的傳統，不論是原始社會失傳的部落

歌謠，還是後來視之爲文學源頭的《詩經》《楚辭》，不論是詩史上的詩人們偶爾方言入詩的背影，還是像文史學家劉知幾（唐朝）李贄（明朝）諸人對方言鄙俗之言的有限稱頌，﹝註1﹞它的歷史眞相實在是在改寫、斷裂中得到延續的，以致它長期屈居於小傳統之列並且基本上被壓抑著。後來雖然以民間歌謠爲主要載體，也出現過一些流傳甚廣的名篇，但有文字記載流傳於史冊的方言性作品並不多。明末馮夢龍輯錄的《山歌》被視爲吳方言的韻文歌謠，也差點失傳湮滅。

方言與詩歌還缺乏文體相融的優勢，如詩歌體裁對語言的高度雅化，以及短小局促的空間，都難以大量容納原生態的方言土語，歷朝詩話對方言入詩也是持嚴厲批評態度。與方言入詩相比，方言性質的白話小說則有文體優勢，如眾所周知的明清白話小說經典如《水滸傳》《紅樓夢》等，但文體之間難以溝通補充，方言入文對方言入詩構成的主要是生存空間的擠壓。因此，方言入詩在文學的歷史流變中占不到突出的位置。與此相伴的是，壟斷抑或主宰文壇的文人墨客，一向看不起隨著口語變遷的方言土語以及由它組成的文藝。傳統中看不起俗語方言的觀念根深蒂固，即使是口耳相傳的歌謠，一經文人的加工整理潤色，馬上雅化起來便難以認出並尊重它本來的前身；而且一旦經過這樣一番處理、轉型改造後，主流文化便把它棄之一旁，不可能有持久而頑強的堅守，因此它構不成古典詩詞傳統中有影響的支流，僅屈居末尾充任一股不斷的潛流而已。

從語言本身而言，母語、方言也有它難以克服的缺陷。從地域上看，作爲地域性語言，其流布的範圍相對狹窄，如流行圈子較大的吳方言與粵方言，也都只在本方言區域之內通暢無阻。﹝註2﹞相對而言，這些區域僅是中國國家

﹝註1﹞ 參見戴昭銘：《規範語言學探索》，上海：上海三聯書店，1998年版，第53～75頁。

﹝註2﹞ 汪暉在其論文中曾總結這一現象：「從新文學發展的歷史來看，對於民族性與地方性的關係的關注，可能導向兩個方面的結論。一個方向是站在五四新文學的立場，即『國語的文學、文學的國語』的立場，批判和改造方言和地方形式，進而形成普遍的民族形式；另一方面則站在地方形式的立場或鄉村文藝的立場批評五四新文學的都市化或歐化傾向。其中最爲敏感和重要的問題是方言與普通話的關係。但是，直到『民族形式』討論興起之前，對『五四』文化運動的批評主要是從階級論的立場出發的，幾乎從未將『地方性』或『方言土語』作爲批判的出發點。離開都市、進入特定區域（地方）的文學家的活動不太可能完全迴避該地區的政治軍事和文化的現實。如果地方形式和方言土語問題與地方政治認同發生直接的聯繫，那麼，對於統一的民族國家的

觀念與實體中的一部分；部分與整體的落差，決定了它最終總會去地方化而融入到整體中去。因此從方言入詩的屢次爭論中，都不難看到抓住此點而不及其餘的論點重複出現。在部分與整體、小群體與大群體、小家與大家這一系列前後對立的概念上，人們習慣於向後者傾斜，即使照顧尊重前者的合法性，也是不需要做出選擇的時候；但一旦面臨需要做出取捨，往往以犧牲前者的利益來達到滿足後者的要求。圍繞方言入詩展開的論辯情況，便可由具體指實的托辭來呈現：即從重視方言而言，就可能有人擔心由方言而引起鄉土、地域觀念的興盛，最終會影響全局；或者斷定對方言的張揚可能助長落後愚昧與割據意識，阻礙民族共同語的形成與統一；或者從語言層面滑到政治層面，認為強調保護方言會導致國家的分裂。諸如此類大同小異的的看法，都先後出現過。試舉大眾語運動為例，多數人認為大眾語是代表大眾意識的語言，是為大眾所有、為大眾所需、為大眾所用的「活」語言，其中必然夾雜大量新鮮的地方土語，但總有論者認為方言土語混入大眾語並進入大眾語文學，其他地方的人是看不懂聽不懂的，由此點便可窺見大眾語本身，也早已淪為了非驢非馬之物。又如四十年代的方言文學論爭，也有論者不顧大眾的實際，指出土語文學與國語運動是根本對立而水火不容的，書面語充分方言化有違民族共同語的形成；異地之人難以讀懂，更談不上喜歡。反正，出於不同的思維方式與觀念，找出類似的理由並不太難；事實上，方言土語的某些自身因素也給這些理由提供了依據。

　　此外，方言本身強化的是聲音，而不是文字。〔註3〕聲音的豐富與複雜使聲音走在文字的前面，因此導致方言總有一個通病，即難以筆錄、存真，聲音不能落實到具體的字詞上，即使以諧音為原則，採取同音字替代，也難以統籌規範，因此屢屢為人所詬病。晚清詩界革命的黃遵憲大量借助土俗語、山歌等民間形式來變革舊體詩，也在《山歌題記》中說：「十五國風，妙絕古今，正以婦人女子矢口而成，使學士大夫操筆為之，反不能爾。以人籟易為，

形成而言則是重要的威脅。因此，在不得不使用方言的情境中，不斷地強調地方性與全國性的辯證統一關係便是非常自然的了。」見汪暉：《地方形式、方言土語與抗日戰爭時期「民族形式」的論爭》，《汪暉自選集》，桂林：廣西師範大學出版社，1997年版，第353頁。

〔註3〕比較典型的說法如「用生活的語言寫，用方言寫，大家一致承認；可是用什麼樣文字寫下這樣的語言，卻還是一個等待解決的問題。」見《新華日報》關於《怎樣寫出生活的語言》的「新華信箱」內容，1944年7月5日，第4版。

天籟難學也。……然山歌每以方言設喻，或以作韻，苟不諳土俗，即不知其妙。筆之於書，殊不易耳。」〔註4〕魯迅、茅盾等大家在文藝大眾化討論中也提到此關鍵問題，前者認為「大多數人不識字；目下通行的白話文，也非大家能懂的文章；言語又不統一，若用方言，許多字是寫不出的，即使用別的字代出，也只為一處地方人所懂，閱讀的範圍反而收小了。」〔註5〕後者則強調「然則努力發展土話文學如何？這一點，誰都贊成，可是誰都覺得有許多困難，非一時可以克服。最大的困難是沒有記錄土話的符號——正確而又簡便的符號。」〔註6〕這些難以克服的因素積襲已久，因此願意嘗試方言入詩的詩人，在寫作過程中多了一份艱難；其夾雜特殊符號的作品，在帶給某一特定地域的讀者們一種親切、熟悉感的同時，必然帶給非本地域的讀者一種難以親近的隔膜感。換言之，特殊的地方韻味與聲音，因為不能在存真狀態下傳遞，使得其餘廣大地域的人們欣賞、體會不到，這樣也就消解了它的功效，並且相應產生焦躁與不滿情緒，自然而然就容易讓方言元素成為公共閱讀空間中帶有「原罪」式的對象，並予以批判。

　　承接方言侷限與詩歌文體融合性劣勢而來的，還有政治意識形態的階段性牽引。在30年代的文藝大眾化討論中，魯迅曾說過一句精闢的話：「總之，多作或一程度的大眾化的文藝，也固然是現今的急務。若是大規模的設施，就必須政治之力的幫助，一條腿是走不成路的，許多動聽的話，不過文人的聊以自慰罷了。」〔註7〕影響母語方言與詩歌聯盟的主要力量，莫過於「政治之力」，在民國詩歌史上，頗有成也蕭何敗在蕭何的反諷意味。挖掘方言入詩中方言的生命，再發揮底層民眾的革命性力量，政黨可以通過各種渠道左右這一進程。接著魯迅的說法，政治之力可以潛規則地賦予方言以權威與活力，也可以階段性地予以有效剝離；方言入詩的高潮與低潮，大部分都是這樣造成的。兩條腿走路，自然更好，但另一條腿不是自己自然長出來的，權且借來趁急罷了。

〔註4〕　黃遵憲：《山歌題記》，陳錚編：《黃遵憲全集》，北京：中華書局，2005年版，第275頁。

〔註5〕　魯迅：《集外集拾遺・文藝的大眾化》，《魯迅全集》（第七卷），北京：人民文學出版社，2005年版，第367～368頁。

〔註6〕　茅盾：《問題中的大眾文藝》，《茅盾全集》（第19卷），北京：人民文學出版社，1991年版，第329頁。

〔註7〕　魯迅：《集外集拾遺・文藝的大眾化》，《魯迅全集》（第七卷），北京：人民文學出版社，2005年版，第368頁。

二

　　換一角度，與方言入詩中方言本身劣勢，以及外部政治因素的牽制等方面一直相隨的是，我們則可以發現方言土語潛在的優勢，以致在叢生的困惑中也伴隨著無限的誘惑。這一現象可以說是硬幣的兩面。

　　同樣從歷史傳統看，方言入詩像方言一樣，它從沒有眞正斷流過，一直是自由自在地發生、發展，即使是自生自滅也並不以自生自滅爲恥，反而在沒有多少人工污染的情況下，呈現出天然的綠色，彰顯出不竭的生命活力。五四時期標舉白話詩的學者，曾盤算過中國文學史上這筆帳：「白話詩是更多了。我們簡直可以斷言：中國的白話詩，自從《詩經》起，直到元、明的戲曲，是沒有間斷過的，漢、魏、六朝的樂府歌謠，都是自由使用他們當時的語言作成的；……其他如陶潛的五言詩，李白，杜甫諸人的古體詩，白居易的新樂府，李煜，柳永，辛棄疾，蘇軾諸人的詞的一部分，邵雍，張九成這些理學先生的詩，關漢卿到李漁諸人的曲……都是白話詩。」〔註8〕在民國詩歌史上，從劉半農到胡適，從魯迅到瞿秋白，從華南詩人群到四川方言詩人群，堅持方言以及方言入詩不會消亡論調子的也大有人在。提升到某種哲學高度，西方哲學與現代語言學更是視方言爲一種語言存在，如把方言稱之爲「因地而異的說話方式」。〔註9〕「是語言說我，而不是我說語言。」〔註10〕方言作爲存在，它是人類直接面對大地、山川的語言，正如海德格爾所強調的，「方言的差異並不單單、而且並不首先在於語言器官的運動方式的不同。在方言中各各不同地說話的是地方，也就是大地。而口不光是在某個被表象爲有機體的身體上的一個器官，倒是身體和口都歸屬於大地的湧動與生長──我們終有一死的人就成長於這大地的湧動和生長中，我們從大地那裡獲得了我們的根基的穩靠性。」〔註11〕既然是像大地一樣的本眞存在，它就意味著對一切非存在之物起著消解、解蔽的作用。母語方言作爲大地的聲音，滲透進大地之上人們的心靈深處，像「鄉音無改鬢毛衰」一樣，它是永遠都不會消失的聲音，

〔註8〕　錢玄同：《〈嘗試集〉序》，胡適：《嘗試集》，北京：人民文學出版社，1984
　　　　年版，第 129 頁。

〔註9〕　〔德〕海德格爾：《在通向語言的途中》，孫周興譯，北京：商務印書館，2004
　　　　年版，第 199 頁。

〔註10〕　〔美〕傑姆遜：《後現代主義與文化理論》，西安：陝西師範大學出版社，1986
　　　　年版。

〔註11〕　〔德〕海德格爾：《在通向語言的途中》，孫周興譯，北京：商務印書館，2004
　　　　年版，第 199～200 頁。

與人的生命、大地長存並顯現。具體到地域民俗、文化來說，母語更是以一種特有的地域文化基因影響著文學藝術的主題與靈魂，其敘述的腔調、神情、人性，都貼上了某種足夠讓人識別的標籤，具有獨特的地域神味。如果地域民俗、文化與本眞的生命聲音絕緣，那麼就意味著差異的消失，意味著地域的消失，所以母語本身獨特的語言特質，在對語言規範化的反撥中彰顯生命的本眞力量，恢復大地母體上各個生命的生存常態。

其次，母語作爲日常語言形式，呈現出與現實生活相融的一面。夾雜各地方言的現代詩歌創作，豐富了現代漢語的質感，使它重新煥發出人間性、世俗性的氣象，保持跟世俗生活接觸的肉感性。大的如南北文化與文學的文質差別，小的如同一方言文化圈內部的不同，都讓人明白一地之語言、聲音，是服務於一方民眾的。由方言而方言入詩、入文，其寫作具有去中心化的價值觀，在民族共同語的獨角戲中扮演了叛逆者的角色，並不斷地退場與出場。如果把詩歌不再看作是精英化的專屬品而僅供他們消費的話，各地民眾也擁有並需要自己的語言與聲音。事實上，只有互有差異才是眞實的豐富。退一步說，與知識份子語言有更爲密切聯繫的民族共同語，也不是從天上掉下來的東西，而是儘量使各地的土話先發展起來，使各地方言最終成爲統一的民族共同語的構成要素，在這一基礎上，再造出一種超方言的共同語。由此來看，各地民眾的聲音始終是第一位的，民眾擁有自己語言哪怕是偏僻土話的權力，其中包括用自己的母語、土話來說話交流，用自己的聲腔、鄉音來吟誦詩歌、表達自己；帶有母語化抑或地域性的語言藝術，也是人之爲人的根本需要。而且各地方言土話只有通過了眞正集中而又無限豐富的表現之後，才能使它逐漸消失其偏僻性，縮小其地方性，逐漸打破不同方言之間的隔閡，在保存母語方言的同時，創建出符合全民族利益的民族共同語來。

最根本的還有，母語方言總是流動在人們的嘴唇上，是活的語言，是生活在各地的國人嘴裏發出來的聲音。——這有助於保持它永遠的先鋒形態。魯迅曾認爲說話寫文章「儻要明白，我以爲第一是在作者先把似識非識的字放棄，從活人的嘴上，採取有生命的辭彙，搬到紙上來，也就是學學孩子，只說些自己的確能懂的話。至於舊語的復活，方言的普遍化，那自然也是必要的」。〔註12〕由此看來，方言無論是從使用的對象數量上，還是最初地域空間的淵源上都

〔註12〕 魯迅：《且介亭雜文二集‧人生識字糊塗始》，《魯迅全集》（第6卷），北京：人民文學出版社，2005年版，第307頁。

佔有先機，其聲音的意義內在地屬於它，並與具體龐大的生命主體連在一起。從長的歷史時段而言，它所積累的力量足以毀壞其對手，如積數百年之力，二十世紀初的白話，在很短的時間裏改寫了千百年來充任語言宰制的文言之身份與地位。放眼歷史的長河，作爲存在的方言，還會不斷地改寫歷史，哪怕遭受到漫長的擠壓。一旦鬆綁，它仍會從蟄伏狀態下醒來，從邊緣歸來，在詩人們的彩筆下呼吸。舉例來說，如 1949 年後普通話寫作得到前所未有的強化，方言入詩在內的方言化寫作仍然暗暗潛存。正如九十年代強調口語寫作的詩人所言：從當代詩歌自 50 年代以後出現的美學傾向和寫作向度來看，「僅僅考察它的語言軌迹，我以爲可以清晰發現它在語言上的兩個清晰的向度：普通話寫作的向度和受到方言影響的口語寫作的向度。」〔註13〕這一向度的保留，同樣源自方言、母語的本眞力量，源自現代詩歌有保留地口語化、方言化的誘惑。

<h1 style="text-align:center">三</h1>

方言入詩以其永不消竭的內在生命力，隨時隨地「升級」詩歌的語言系統，讓整個民族的語言在保持活力與個性中不斷向前流動，不斷書寫新的詩頁。顯然，這一過程中是困惑與誘惑不斷糾纏、轉化的過程。如果說國語、普通話等民族共同語的規範化牽制，有助於詩歌擴大公共性與流通性的話，那麼方言入詩創作則傾向於堅守低調的獨特個性，如區域文化個性、思維基因個性等。現代詩歌語言的方言化，不但使特定地域的人們對之感到親切與眞實，對外地的人們也會帶來某種陌生而又意外的驚喜感。在我們看來，其關鍵主要還是表達技巧上的高低，與語言本身的關係還是次要的。「在若干年之後，中國的國語可能是要統一的，但必然是多樣的統一，而決不是單元的劃一。因爲多種方言是在相互影響，相互吸收之下，而形成辯證的綜合。這樣，方言文學的建立在另一方面正是促進國語的統一化，而非分裂化。語的統一才是眞的統一，人民的統一。」〔註14〕因此在某種意義上，母語、方言作爲原生態的語言，仍是博采各家之長的民族文化的基座，與體現人性的永恒神性一脈相承，它雖然具有某種侷限，但這是可貴的侷限。

〔註13〕于堅：《詩歌之舌的硬與軟——關於當代詩歌的兩類語言向度》，楊克主編：《1998 中國新詩年鑒》，廣州：花城出版社，1999 年版，第 451 頁。
〔註14〕郭沫若：《當前的文藝諸問題》，王錦厚等編：《郭沫若佚文集》（下冊），成都：四川大學出版社，1988 年版，第 212 頁。

附錄：方言語境下的現代詩人地域分佈概況

北方方言區

華北、東北方言				
市（縣）	姓名	出生年份	代表詩集（或詩作）	備　註
北平	老舍	1899	《劍北篇》	
	林庚	1910	《夜》《春野與窗》	原福建閩侯
	張志民	1926	《王九訴苦》《死不著》	
	李白鳳	1914	《北風辭》	
	何達	1915	《我們開會》	原福建閩侯
	陳北鷗	1912	《心曲》	原福建閩侯
天津	王辛笛	1912	《珠貝集》《手掌集》	原江蘇淮安
	焦菊隱	1905	《夜哭》《他鄉》	
	穆旦	1918	《探險者》《穆旦詩集》	原浙江寧海
吉林伊通	穆木天	1900	《旅心》	
扶餘	姚奔	1919	《痛苦的十字》	
黑龍江愛琿	高蘭	1909	《高蘭朗誦詩集》	
遼寧遼陽	徐放	1921	《南城草》	
莊河	李滿紅	1913	《紅燈》	
河北束鹿	公木	1910	《鳥槍的故事》	

獲鹿	安娥	1905	《燕趙兒女》	
井陘	畢奐午	1910	《掘金記》	
懷柔	南星	1910	《石像辭》	
威縣	王亞平	1905	《都市的冬》	
涿縣	馮至	1905	《昨日之歌》《十四行集》	
清苑	路易士	1913	《行過之生命》	
雄縣	方殷	1913	《平凡的夜話》	
隆平	青勃	1921	《號角在哭泣》	
廣宗	袁勃	1911	《真理的船》	
?城	李岳南	1917	《午夜的詩祭》	
定興	張秀中	1905	《清晨》《動的宇宙》	
豐潤	李瑛	1926	《石城底青苗》《槍》	
河南西平	於賡虞	1902	《骷髏上的薔薇》、	
鄭州	魏巍	1920	《黎明的風景》	當時未結集
唐河	李季	1922	《王貴與李香香》	
魯山	徐玉諾	1893	《將來之花園》	
睢縣	蘇金傘	1906	《無弦琴》《地層下》	
睢縣	陳雨門	1908	《瓣瓣落花》	
葉縣	劉心皇	1915	《人間集》《平原詩草》	
靈寶	李根紅	1921	《天外，還有天》	
山東鄒平	李廣田	1906	《漢園集》	
利津	李長之	1910	《夜宴》	
嶧城	賀敬之	1924	《白毛女》《鄉村的夜》	
萊蕪	呂劍	1919	詩論集《詩與鬥爭》	當時未結集
蓬萊	臧雲遠	1913	《爐邊》《靜默的雪山》	
諸城	王統照	1897	《童心》、《橫吹集》	
諸城	臧克家	1905	《烙印》、《泥土的歌》	
諸城	孟超	1902	《殘夢》《候》	
諸城	王希堅	1918	《在黑板上寫詩》《遠方集》	
臨沂	葉淘	1924	《蠶豆花》《零下四十度》	
濮縣	戈茅	1915	《草原牧歌》《將軍的馬》	
江蘇徐州	朱丹	1916	《詛咒之歌》	

西北方言（山西、陝西等省）				
山西盂縣	高長虹	1898	《給》《閃光》	
武鄉	高沐鴻	1900	《天河》《夜風》	
武鄉	岡夫	1907	《戰鬥與歌唱》《申海珠》	
定襄	牛漢	1923	《鄂爾多斯草原》	
高平	畢革飛	1919	《運輸隊長蔣介石》	
太原	關露	1908	《太平洋上的歌聲》	原河北延慶
汾城	賈芝	1913	《水磨集》	
陝西長安	王獨清	1898	《聖母像前》	
米脂	高敏夫	1905	《三月七日的風暴》	提倡街頭詩
臨潼	王老九	1891	當時未結集	快板詩、順嘴溜
西南方言				
貴州遵義	蹇先艾	1906		當時未結集
四川樂山	郭沫若	1892	《女神》《星空》	
安岳	康白情	1896	《草兒》	
樂山	曹葆華	1906	《落日頌》《無題草》	
樂山	陳敬容	1917	《盈盈集》《交響集》	
古藺	鄧均吾	1898	當時未結集	
成都	李唯建	1907	《祈禱》	
萬縣	何其芳	1912	《預言》《夜歌》	
萬縣	方敬	1914	《雨景》《行吟的歌》	
萬縣	羅泗	1922	《星空集》	
資陽	邵子南	1916	《組織》	
榮縣	柳倩	1911	《生命底微痕》	
威遠	羅念生	1904	《龍涎》	
重慶	沙鷗	1922	《農村的歌》《林桂清》	純粹四川方言詩
忠縣	野谷	1925	《指望來年》	純粹四川方言詩
蘆山	餘念	1919	《大渡河支流》	
瀘縣	屈楚	1919	《摘星者的死亡》	
廣漢	覃子豪	1914	《剪影集》《自由的旗》	
富順	陳銓	1905	《哀夢影》	
瀘州	煉虹	1921	《給夜行者》	

巴縣	朱大南	1907	《饑餓》《冷箭》	
巴縣	廖曉帆	1923		當時未結集
武勝	楊本泉	1923	《早安啊，市街》	
廣西桂林	陳邇冬	1913	《黑旗》《最後的失敗》	
湖南鳳凰	沈從文	1903	《鴨子》	
安鄉	劉夢葦	1900	《青春之花》《孤鴻》	
常德	陳輝	1920	《十月的歌》	
雲南廣南	柯仲平	1902	《邊區自衛軍》	
昆明	陸晶清	1907	《低訴》	
洱源	馬子華	1912	《坍塌的古城》	
洱源	羅鐵鷹	1917	《原野之歌》	
思茅	雷濺波	1908	《戰火》《前進！中國兵》	
臨滄	劉御	1912	《新歌謠》	
湖北光化	光未然	1913	《黃河大合唱》	整理《阿細的先雞》
武漢	曾卓	1922	《門》	原湖北黃陂
浠水	聞一多	1899	《紅燭》、《死水》	
黃梅	馮文炳	1901	《招隱集》《水邊》	
黃陂	綠原	1922	《童話》《又是一個起點》	
蘄春	胡風	1902	《野花與箭》	
天門	鄭思	1917	《夜的抒情》《吹散的火星》	
天門	鄒荻帆	1917	《在天門》《雪與村莊》	
天門	冀汸	1920	《躍動的夜》	生於印尼
京山	聶紺弩	1903	《元旦》	
洪湖	丁力	1920	《召喚》	
雲夢	晏明	1920	《三月的夜》	
沔陽	楊剛	1909	《我站在地球中央》	
江淮方言				
安徽六安	蔣光慈	1901	《新夢》《哀中國》	
無為	田間	1916	《趕車傳》《給戰鬥者》	
太湖	朱湘	1904	《草莽集》《石門集》	生於湖南沅陵
壽縣	金克木	1912	《蝙蝠集》	

績溪	胡適	1891	《嘗試集》	
涇縣	胡懷琛	1886	《大江集》《勸俗新詩》	
歙縣	陶行知	1891	《行知詩歌集》	
蕪湖	阿英	1900	《餓人與饑鷹》	
績溪	汪靜之	1902	《蕙的風》《寂寞的國》	
績溪	胡思永		《胡思永的遺詩》	
績溪	章衣萍	1902	《深誓》《種樹集》	
霍丘	韋叢蕪	1905	《君山》《冰塊》	
舒城	鍾鼎文	1914	《三年》	
天長	呂熒	1915	《火的雲霞》	
潁上	常任俠	1904	《毋忘草》	
桐城	方孝孺	1897	當時未結集	
桐城	方瑋德	1908	《瑋德詩文集》	
和縣	劉嵐山	1919	《漂泊之歌》《鄉下人的歌》	
江蘇南京	盧冀野	1905	《春雨》《綠篇》	
南京	汪銘竹	1907	《自畫像》	
南京	周而復	1914	《夜行集》	
南京	杜谷	1920	《泥土的夢》	
揚州	朱自清	1898	《蹤跡》《毀滅》	原浙江紹興
揚州	許幸之	1904	《詩歌時代》	原安徽歙縣
揚州	洪為法	1899	《蓮子集》《他，她》	
揚州	韓北屏	1914	《江南草》	

吳方言區

市（縣）	姓名	出生年月	代表詩集（或詩作）	備註
泰興	劉延陵	1894	《雪朝》	
江陰	劉半農	1891	《瓦釜集》《揚鞭集》	
無錫	陶晶孫	1897	當時未結集	
無錫	孫毓棠	1910	《寶馬》《海盜船》	
蘇州	唐祈	1920	《詩第一冊》	
蘇州	葉聖陶	1894	《雪朝》	
吳縣	袁水拍	1919	《馬凡陀的山歌》	

宜興	沙蕾	1919	《心跳進行曲》	
宜興	邵冠祥	不詳	《風沙夜》	
宜興	蔣錫金	1915	《黃昏星》	
宜興	曹辛之	1917	《火燒的城》	
溧陽	王平陵	1898	《獅子吼》	
海門	卞之琳	1910	《三秋草》《魚目集》	
常州	瞿秋白	1899	《東洋人出兵》	
常熟	宗白華	1897	《流雲小詩》	
常熟	孫望	1912	《煤礦夫》	
南通	白得易	1919	《白得易詩選》	
武進	嚴辰	1914	《生命的春天》	
上海	謝澹如	1904	《苜蓿花》	
	孫大雨	1905	《自己的寫照》	原浙江諸暨
	滕固	1901	《死人之歎息》	
	朱維基	1904	《花香街詩集》	
	化鐵	1925	《暴雷雨岸然轟轟而至》	
	倪海曙	1918	《蘇州話詩經》	
	陳伯吹	1930	《誓言》《遊戲的詩歌》	
浙江紹興	劉大白	1880	《舊夢》《郵吻》	
紹興	魯迅	1881	《野草》《公民科歌》	
紹興	周作人	1885	《過去的生命》	
紹興	羅家倫	1897	《疾風》《西北行吟》	
吳興	沈尹默	1883	《三弦》	
吳興	陸志韋	1894	《渡河》《渡河後集》	
德清	俞平伯	1900	《冬夜》《憶》	
蕭山	沈玄廬	1878	《十五娘》《玄廬文存》	
義烏	馮雪峰	1903	《湖畔》《真實之歌》	
海寧	徐志摩	1896	《志摩的詩》《猛虎集》	
杭縣	戴望舒	1905	《望舒草》《望舒詩稿》	
杭縣	倪貽德	1901	《東海之濱》	
上虞	陳夢家	1911	《夢家詩集》	
鎮海	丁景唐	1920	《星底夢》	

海鹽	沈祖棻	1909	《微波辭》	
餘姚	邵洵美	1906	《詩二十五首》《天堂與五月》	
青田	力揚	1908	《射虎者及其家族》	
諸暨	何植三	不詳	《農家的草紫》	
諸暨	姚蓬子	1905	《銀鈴》《剪盼集》	
金華	艾青	1910	《大堰河》、《北方》	
杭州	阿壟	1907	《無弦琴》	
杭州	吳興華	1921	《西迦》	
杭州	田地	1927	《告別》	原浙江奉化
吳興	徐遲	1914	《二十歲人》《最強音》	
鄞縣	羅迦	1920	《給屠殺者》	
嵊縣	呂漠野	1912	《燕子》	
宜平	潘漠華	1902	《春的歌集》	
桐鄉	錢君淘	1907	《水晶座》《素描》	
象山	殷夫	1909	《孩兒塔》	
慈溪	徐圩	1908	《燈籠集》《進香集》	
慈溪	徐雉	1899	《雉的心》《酸果》	
慈溪	應修人	1900	《湖畔》《春的歌集》	
慈溪	袁可嘉	1921	當時未結集	
東陽	聖野	1922	《小母親》《啄木鳥》	
溫州	唐湜	1920	《騷動的城》	
溫州	莫洛	1916	《渡運河》《叛亂的法西斯》	

粵方言區

市（縣）	姓名	出生年月	代表詩集（或詩作）	備　註
廣東新會	梁宗岱	1903	《晚禱》	
海豐	鍾敬文	1903	《海濱的二月》	曾任廣東方言文學研究會會長
南海	馮乃超	1901	《紅紗燈》	生成於日本
南海	蘆荻	1912	《桑野》《驅馳集》	
南海	華嘉	1915	《論方言文藝》	
中山	阮章競	1914	《漳河水》《圈套》	
臺山	林煥平	1911	《新的太陽》	

臺山	雷石榆	1911	《國際縱隊》《小蠻牛》	
臺山	黃寧嬰	1915	《遣退》《九月的太陽》	
廣州	陳殘雲	1914	《鐵蹄下的歌手》	
東莞	歐外鷗	1911	《歐外詩集》	
惠州	溫梓川	1908	《咖啡店的侍女》	
新會	華鈴	1915	《牽牛花》《滿天星》	
廣西桂平	胡明樹	1914	《難民船》《朝鮮婦》	

客家方言區

市（縣）	姓名	出生年月	代表詩集（或詩作）	備註
廣東梅縣	李金髮	1900	《微雨》《為幸福而歌》	
梅縣	任鈞	1909	《後方小唱》《冷熱集》	
梅縣	黃藥眠	1903	《桂林底撤退》《黃花崗上》	
梅縣	蒲風	1911	《茫茫夜》	
梅縣	樓棲	1912	《鴛鴦子》	純客家方言寫作
梅縣	溫流	1912	《最後的吼聲》《我們的堡》	
興寧	馮憲章	1910	《夢後》	
興寧	金帆	1916	《野火集》	
澄海	林山	1910	《戰鬥之歌》	
澄海	黃雨	1916	《潮州有個許亞標》	純客家方言寫作
蕉嶺	野曼	1921	《短笛》	

閩方言區

市（縣）	姓名	出生年月	代表詩作	備註
福建閩侯	冰心	1900	《繁星》、《春水》	原福建長樂
長樂	鄭振鐸	1898	《雪朝》	
閩侯	林徽因	1903	《別丟掉》	
漳州	楊騷	1900	《心曲》《受難者的短曲》	原龍溪
古田	杜運燮	1918	《詩四十首》	15歲前在國外生活
同安	魯藜	1914	《醒來的時候》《鍛煉》	童年僑居越南
詔安	林林	1910	《阿萊耶山》	

閩侯	鄭敏	1920	《詩集（1942～1949）》	
閩侯	林庚白	1898	《庚白詩存》	
廈門	童晴嵐	1909	《南中國的歌》《狼》	
莆田	彭燕郊	1920	《第一次愛》	
安溪	犁青	1933	《瓜紅時節》《苦難的僑村》	
福州	胡也頻	1903～1931	《也頻詩選》	
廣東潮州	馮鏗	1901	《春宵》	
	丹木		《暹羅救濟米》	潮州話敘事詩
臺灣彰化	賴和	1894	《南國哀歌》	
臺北	張我軍	1902	《亂都之戀》	

湘方言區

市（縣）	姓名	出生年月	代表詩作（詩集）	備　　註
湖南邵陽	石民	不詳	《良夜與惡夢》	
長沙	田漢	1898	《江戶之春》	
湘鄉	蕭三	1896	當時未結集	俄語寫作新詩
隆回	孫良工	1894	《殺到東京去》	
新化	成仿吾	1897	《流浪吾》《使命》	
安化	吳奔星	1913	《暮靄》《春焰》	
湘陰	宋元	1917	《三八頌》《誓言》	
衡陽	王晨牧	1917	《往日詩草》	

贛方言區

市（縣）	姓名	出生年月	代表詩集（或詩作）	備　　註
江西南昌	饒孟侃	1902	《泥人集》	
安福	王禮錫	1901～1939	《市聲草》	
高安	白采	1894	《羸疾者的愛》	
貴溪	蘆甸	1919	《我們是幸福的》	
南昌	天藍	1912	《預言》《隊長騎馬去了》	
泰和	曾今可	1901	《路花》《小鳥集》	
湖南資興	白薇	1894	《打出幽靈塔》《春筍的歌》	
汝城	朱子奇	1920		當時未結集

對此概況略作如下說明：

〔1〕所列七大主要方言區的分佈情況與所轄省份地區，主要參考詹伯慧等著：《漢語方言及方言調查》，武漢：湖北教育出版社，1991 年版，第 46～117 頁。黃伯榮、廖序東主編：《現代漢語》（上冊）增訂三版，北京：高等教育出版社，2002 年版，第 4～9 頁。與七大分區不同的是，近十年來有學者主張把漢語方言劃分為十區，即在此基礎上，把北方方言區再分開出「徽語」與「晉語」兩區，以及把廣西北部與南部的「平話」單獨出來，但合併、切割後形成的「徽語」、「晉語」、「平話」能否「升格獨立」，學界尚存較大爭議，不過這也從另一個角度，揭示了北方方言區內部的差異性程度。

〔2〕在七大主要方言區裏，仍存在相當大的內部差異，因此這樣劃分僅僅是大概勾勒輪廓而已；另外，由於北方方言是現代漢民族共同語的基礎，分佈區域最廣，使用人口約占七成以上，因此細分為四個次方言：華北東北方言、西北方言、西南方言和江淮方言。考慮到方言的複雜性以及不同地域地點仍存在爭議與模糊性等原因，因此也只存其輪廓而已，個別詩人具體的方言區屬也衹是言其大略，特別是對於詩人出生地所在縣市，如有數種方言混合情況，尤其突出。這裡或根據作品，或根據通行程度，予以框定。

〔3〕方言分區是流動的概念，上個世紀的行政區劃也時有變革，加之現代詩人因出生地、祖籍所在地、童年與青少年時期生活地域也屢有變遷，同時限於相關資料的缺乏，不同資料在這方面的記載也有不少矛盾出入之處，因此此表所錄衹是力求準確而已。在具體操作時，大致按以下幾點原則：

（1）現代詩作品與詩人數量龐大，搜集完全，頗為困難。本表所錄係節錄具有代表性的詩人及其作品，且所錄資料主要來源下列資料：A、北京語言學院牽頭組編《中國文學家辭典》（現代分冊 1～6 冊），成都：四川人民出版社（出版現代分冊 1～2）與四川文藝出版社（出版現代分冊 3～6 冊），出版時間為第一冊（1979 年）、第二冊（1982 年）、第三、四冊（1985 年）、第五、六冊（1992 年）。B、陸耀東編著：《中國現代文學大辭典》，北京：高等教育出版社，1998 年版。C、徐瑞岳等主編：《中國現代文學辭典》，徐州：中國礦業大學出版社，1988 年版。D、王景山主編：《臺港澳暨海外華文作家辭典》，北京：人民文學出版社，1992 年版。具體內容正誤沒有一一考證。

（2）所選詩人標準如下：一是從事現代詩歌寫作時間較長，一般有詩集問世；二是即使沒有詩集行世，但參加過編輯詩刊、參與詩歌社團等相關活

動，成績較顯著者；三是個別作家在方言入詩方面作出過有益嘗試者，也照例收錄。

（3）在劃定詩人入某方言區時，因方言小片或地點方言不詳，依此只強調到省、地級行政區劃，所以個別詩人的「母語」劃分與實際情況還有一些差距。

（4）表格所錄條目，分別以「市（縣）」、「姓名」、「出生年月」、「代表詩集（或詩作）」、「備註」五個專案來描述，其中第一、三、四、五項強調的是地域分佈、當時方言語境、特色等方面的內容。另外，「市（縣）」一欄中，每一行政省份只出現一次，統領本省的區縣。

（5）具體到每一個現代詩人，其童年與青少年經歷變遷生活地較爲豐富、頻繁者，在「備註」欄內略加說明。至於是否爲到外省求學或出國留學，或因隨家人在內地不斷搬遷等情況，考慮到篇幅所限與工作量太大，一般不另作說明與辨析。

（6）據表中所錄，來自整個北方方言區的現代詩人爲：華北東北方言區47 人、西北方言區 10 人、西南方言區 46 人、江淮方言區 26 人，共 129 人；吳方言區 61 人；粵方言區 14 人；客家方言區 11 人；閩方言區 17 人；湘方言區 8 人；贛方言區 8 人。一共收錄詩人 248 人，全國性意義上的代表詩人基本囊括其中。

參考文獻

說明：

一、各種當時出版發行以及中華人民共和國成立後結集出版的詩集沒有列入；

二、民國文學舊期刊上的相關短文暫未列入；

三、凡學報類文章均指人文社科版或哲社版性質上的論文；

四、以下資料均以作者音序排列）

一、相關研究論文概況與史料線索（論文類）

1. 鮑晶：《淺談解放區詩歌》，《延安文藝研究》1987 年 2 期。

2. 陳晨：《〈講話〉：在國際大文化格局中——略論毛澤東〈講話〉在世界各地的翻譯、出版、評介、研究和反響》，《延安文藝研究》1992 年 4 期。

3. 陳頌聲等：《中國詩壇社與華南的新詩歌運動》，《學術研究》1984 年 3 期。

4. 陳頌聲等：《廣州的詩場社及其〈詩場〉》，《中山大學學報》1983 年 4 期。

5. 陳平原：《經典是怎樣形成的——周氏兄弟等爲胡適刪詩考》，《魯迅研究月刊》2001 年 4 期、5 期。

6. 陳金淦：《胡適詩歌評價的歷史回顧》，《徐州師院學報》1985 年 1 期。

7. 陳友康：《二十世紀中國舊體詩詞的合法性和現代性》，《中國社會科學》2005 年 6 期。

8. 蔡清富：《中國詩歌會對新詩發展的貢獻》，《北京師大學報》1986 年 3 期。

9. 董正宇、孫葉林：《民間話語資源的採擷與運用——論文學方言、方言文學以及當下「方言寫作」》，《湖南社會科學》2005 年 4 期。

10. 馮憲光：《也談「民族形式」問題討論》，《抗戰文藝研究》1982 年 4 期。

11. 范欽林：《如何評價「五四」白話文運動——與鄭敏先生商榷》，《文學評論》1994 年 2 期。

12. 方耀乾：《爲父老立像，爲土地照妖：論向陽的臺語詩》，《臺灣詩學》學刊三號，2004 年 6 月。

13. 宮蘇藝：《〈王貴與李香香〉的手稿和版本》，《延安文藝研究》1987 年 1、2 期。

14. 龔喜平：《新學詩・新派詩・歌體詩・白話詩——論中國新詩的發生與發展》，《西北師院學報》1988 年 3 期。

15. 胡慧翼：《論「五四」知識份子先驅對民間歌謠的發現——以胡適、周作人、劉半農爲中心》，《西南民族學院學報》2003 年 3 期。

16. 胡芷藩：《記錄口語問題的一個建議》，《中國語文》1953 年 7 月號。

17. 黃友凡等：《爲大眾的活路吶喊——回憶〈活路〉月刊及活路社》，《抗戰文藝研究》1984 年 3 期。

18. 黃曼君：《中國現代文學經典的誕生與延傳》，《中國社會科學》2004 年 3 期。

19. 華嘉：《香港人間書屋二三事》，《新文學史料》1982 年 1 期。

20. 柯玲：《論方言的文學功能》，《修辭學習》2005 年 3 期。

21. 李昌陟：《精益求精不斷前進——阮章競解放前詩歌創作的藝術成就》，《中國現代文學研究叢刊》1983 年 4 期。

22. 李怡：《從文化的角度看現代四川文學中的方言》，《西南民族學院學報》1998 年 2 期。

23. 李震：《不朽的河——陝北民歌研究 ABC》（上、下），《延安文藝研究》1992 年 3、4 期。

24. 劉繼業：《朗誦詩理論探索與中國現代詩學》，《中國社會科學》2003 年 5 期。

25. 劉錦滿：《吶喊與戰鬥的大眾藝術——陝甘寧邊區街頭詩運動的發起》，《延安文藝研究》1984 年創刊號。

26. 龍泉明：《「五四」白話新詩的「非詩化」傾向與歷史局限》，《文學評論》1995 年 1 期。

27. 黎風：《〈王貴與李香香〉和陝北民歌》，《延安文藝研究》1988 年 2 期。

28. 犁青：《從「南來作家」到「香港作家」》，《新文學史料》1996 年 1 期。

29. 犁青：《四十年代後期的香港詩歌》，《新文學史料》2005 年 3 期。

30. 駱寒超：《論「五四」時期的詩體大解放》，《文學評論》1993 年 5 期。

31. 呂劍：《我與〈中國詩壇〉及在港活動瑣憶》，《新文學史料》1996 年 4

期。

32. 喬惟森等：《毛主席樹立了使用方言詞的典範》，《中國語文》1960 年 5 期。

33. 任鈞：《略談一個詩歌流派──中國詩歌會》，《社會科學》1984 年 3 期。

34. 孫玉石：《郭沫若〈民謠集·序〉的真實性及其價值》，《北京大學學報》2003 年 2 期。

35. 石汝傑：《吳方言區作家的普通話和方言》，《語言文字應用》1995 年 3 期。

36. 王富仁：《為新詩辯護》，《文學評論》2006 年 1 期。

37. 王光東：《「民間」的現代價值──中國現代文學與民間文化形態》，《中國社會科學》2003 年 6 期。

38. 王光東：《大眾化與民間：文學意義的一種分析》，《社會科學》2003 年 6 期。

39. 王存奎：《北京大學與中國民俗學的建立》，《北京大學學報》2002 年 4 期。

40. 王繼志：《論沈從文的民歌體詩歌創作》，《南京大學中文學報》1999 年。

41. 王訓昭：《中國詩歌會及其詩作》，《華東師大學報》1988 年 3 期。

42. 烏爾沁：《劉半農與中國現代的民歌研究》，《民族文學研究》2002 年 4 期。

43. 吳定宇：《抗戰期間香港關於大眾化和民族形式的討論》，《學術研究》1984 年 6 期。

44. 徐新建：《采歌集謠與尋求新知──民國時期「歌謠運動」對民間資源的利用和背離》，《民族藝術研究》2004 年 6 期。

45. 徐瑞岳：《劉半農生平年表》，《徐州師院學報》1984 年 1、2 期。

46. 錫金：《穆木天、中國詩歌會和他的詩》，《社會科學戰線》1983 年 2 期。

47. 薛汕：《四十年代的〈新詩歌〉》，《新文學史料》1988 年 1 期。

48. 燕世超：《批判的武器難以創新──論「五四」前後白話詩人對民間歌謠的揚棄》，《文學評論》2002 年 5 期。

49. 晏明：《飄飄何所似　天地一沙鷗（上）──記老詩人、詩評家、編輯家沙鷗》，《新文學史料》2001 年 2 期。

50. 游汝傑等：《方言與中國文化》，《復旦學報》1985 年 3 期。

51. 瘂弦：《早春的播種者──紀念劉半農先生誕辰一百周年》，《海南師範學院學報》1991 年 2 期。

52. 朱愛東：《雙重視角下的歌謠學研究──北大〈歌謠周刊〉對中國歌謠學研究的貢獻》，《思想戰線》2002 年 2 期。

53. 朱曉進：《從語言的角度談新詩的評價問題》，《文學評論》1992 年 3 期。

54. 周曉風：《早期白話詩與「胡適之體」》，《重慶師院學報》1997 年 4 期。

55. 張伯偉：《從舊詩到新詩》，《南京大學中文學報》1998 年。

56. 張衛中，江南：《新時期文學創作中方言使用的新特點》，《學術研究》，2002 年 1 期。

57. 周定一：《論文藝作品中的方言土語》，《中國語文》1959 年 5 月號。

58. 鄭林曦：《怎樣解決用漢字寫不出民眾口語的矛盾？》，《中國語文》1953 年 7 月號。

59. 鄭敏：《世紀末的回顧：漢語語言變革與中國新詩創作》，《文學評論》1993 年 3 期。

60. 趙園：《京味小說與北京方言文化》，《北京社會科學》1989 年 1 期。

二、主要參考文獻（書籍類）

1. 〔意〕艾柯等著，《詮釋與過度詮釋》（2 版），王宇根譯，北京：生活‧讀書‧新知三聯書店，2005 年版。

2. 〔美〕M.H.艾布拉姆斯：《鏡與燈：浪漫主義文論及批評傳統》，酈稚牛等譯，北京：北京大學出版社，2004 年版。

3. 卞之琳：《卞之琳文集》，江弱水、青喬編，合肥：安徽教育出版社，2002 年版。

4. 卞之琳：《人與詩：憶舊說新》，北京：生活‧讀書‧新知三聯書店，1984 年版。

5. 卞之琳：《雕蟲紀歷》（增訂版），北京：人民文學出版社，1984 年版。

6. 本社編：《詩人徐志摩》，重慶：重慶出版社，1982 年版。

7. 鮑晶編：《劉半農研究資料》，天津：天津人民出版社，1985 年版。

8. 〔英〕齊格蒙‧鮑曼：《立法者與闡釋者：論現代性、後現代性與知識份子》，洪濤譯，上海：上海人民出版社，2000 年版。

9. 〔英〕阿倫‧布洛克：《西方人文主義傳統》，董樂山譯，北京：生活‧讀書‧新知三聯書店，1997 年版。

10. 〔美〕丹尼爾‧貝爾：《資本主義文化矛盾》，趙一凡等譯，北京：生活‧讀書‧新知三聯書店，1989 年版。

11. 曹順慶：《中西比較詩學》，北京：北京出版社，1988 年版。

12. 曹聚仁：《我與我的世界》，太原：北嶽文藝出版社，2001 年版。

13. 曹聚仁：《文壇五十年》，上海：東方出版中心，1997 年版。

14. 曹萬生：《現代派詩學與中西詩學》，北京：人民出版社，2003 年版。

15. 草川未雨：《中國新詩壇的昨日今日和明日》，上海：上海書店，1985 年影印。

16. 陳子展：《中國近代文學之變遷‧最近三十年中國文學史》，上海：上海古籍出版社，2000 年版。

17. 陳剛：《北京方言辭典》，北京：商務印書館，1985 年版。

18. 陳恩泉主編：《雙語雙方言與現代中國》，北京：北京語言文化大學出版社，1999 年版。

19. 陳望道：《陳望道文集》，上海：上海人民出版社，1981 年版。

20. 陳平原主編：《現代學術史上的俗文學》，武漢：湖北教育出版社，2004 年版。

21. 陳平原：《中國小說敘事模式的轉變》，上海：上海人民出版社，1988 年版。

22. 陳萬雄：《五四新文化的源流》，北京：生活‧讀書‧新知三聯書店，1997 年版。

23. 陳源：《西瀅閒話》，石家莊：河北教育出版社，1995 年版。

24. 陳紹偉編：《中國新詩集序跋選》，長沙：湖南文藝出版社，1986 年版。

25. 陳從周編：《徐志摩年譜》，上海：上海書店，1981 年影印。

26. 陳思和：《中國新文學整體觀》，上海：上海文藝出版社，2001 年第二版。

27. 陳丙瑩：《卞之琳評傳》，重慶：重慶出版社，1998 年版。

28. 陳金淦編：《胡適研究資料》，北京：北京十月文藝出版社，1989 年版。

29. 陳夢家著，藍棣之編：《陳夢家詩全編》，杭州：浙江文藝出版社，1995 年版。

30. 陳本益：《中外詩歌與詩學論集》，重慶：西南師大出版社，2002 年版。

31. 陳原：《語言和人》，北京：商務印書館，2003 年版。

32. 陳聖生：《現代詩學》，北京：社會科學文獻出版社，1998 年版。

33. 成仿吾：《成仿吾文集》，濟南：山東大學出版社，1985 年版。

34. 常璩撰、劉琳校注：《華陽國志校注》，成都：巴蜀書社，1984 年版。

35. 常風：《逝水集》，瀋陽：遼寧教育出版社，1995 年版。

36. 崔榮昌：《四川方言與巴蜀文化》，成都：四川大學出版社，1996 年版。

37. 戴燕：《文學史的權力》，北京：北京大學出版社，2002 年版。

38. 杜運燮等編：《一個民族已經起來——懷念詩人、翻譯家穆旦》，南京：江蘇人民出版社，1987 年版。

39. 杜運燮等編：《豐富和豐富的痛苦：穆旦逝世二十周年紀念文集》，北京：北京師範大學出版社，1997 年版。

40. 戴昭銘：《規範語言學探索》，上海：上海三聯書店，1998 年版。

41. 鄧程：《論新詩的出路——新詩詩論對傳統的態度述析》，北京：中國社會科學出版社，2004 年版。

42. 方仁念選編：《新月派評論資料選》，上海：華東師大出版社，1993 年版。

43. 馮憲光：《馬克思美學的現代闡釋》，成都：四川教育出版社，2002 年版。

44. 馮並：《中國文藝副刊史》，北京：華文出版社，2001 年版。

45. 馮夢龍編纂，劉瑞明注解：《馮夢龍民歌集三種注解》，北京：中華書局，2005 年版。

46. 馮至著，韓耀成編：《馮至全集》，石家莊：河北教育出版社，1999 年版。

47. 范培松：《中國散文批評史》，南京：江蘇教育出版社，2000 年版。

48. 廢名：《論新詩及其他》，瀋陽：遼寧教育出版社，1998 年版。

49. 廢名：《新詩十二講：廢名的老北大講義》，瀋陽：遼寧教育出版社，2006 年版。

50. 〔美〕斯坦利‧費什：《讀者反應批評：理論與實踐》，文楚安譯，北京：中國社會科學出版社，1998 年版。

51. 郭沫若著，王錦厚等編：《郭沫若佚文集》，成都：四川大學出版社，1988 年版。

52. 郭沫若著，桑逢康校：《〈女神〉彙校本》，長沙：湖南人民出版社，1983 年版。

53. 郭沫若：《沫若文集》，北京：人民文學出版社，1958 年版。

54. 郭沫若：《郭沫若全集》文學編，北京：人民文學出版社，1992 年版。

55. 郭紹虞：《照隅室語言文字論集》，上海：上海古籍出版社，1985 年版。

56. 高蘭編：《詩的朗誦與朗誦的詩》，濟南：山東大學出版社，1987 年版。

57. 高恒文：《京派文人：學院派的風采》，上海：上海教育出版社，2000 年版。

58. 高玉：《現代漢語與中國現代文學》，北京：中國社會科學出版社，2003 年版。

59. 郭紹虞主編：《中國歷代文論選》（一卷本），上海：上海古籍出版社，2001 年新 1 版。

60. 公木主編：《新詩鑒賞辭典》，上海：上海辭書出版社，1991 年版。

61. 龔明德：《新文學箚記》，成都：天地出版社，1996 年版。

62. 顧頡剛等輯、王煦華整理：《吳歌‧吳歌小史》，南京：江蘇古籍出版社，1999 年版。

63. 甘於恩主編：《七彩方言‧方言與文化趣談》，廣州：華南理工大學出版

社，2005 年版。

64. 胡適著，季羨林主編：《胡適全集》（第 1～30 卷），合肥：安徽教育出版社，2003 年版。

65. 胡適著，姜義華主編、沈寂編：《胡適學術文集・新文學運動》，北京：中華書局，1993 年版。

66. 胡適：《嘗試集》，北京：人民文學出版社，1984 年版。

67. 胡適口述，唐德剛譯注：《胡適口述自傳》，桂林：廣西師範大學出版社，2005 年版。

68. 胡風：《胡風評論集》（上中下），北京：人民文學出版社，1984、1985 年版。

69. 何其芳著，藍棣之主編：《何其芳全集》，石家莊：河北人民出版社，2000 年版。

70. 洪子誠：《問題與方法——中國當代文學史研究講稿》，北京：生活・讀書・新知三聯書店，2002 年版。

71. 賀登崧：《漢語方言地理學》，上海：上海教育出版社，2003 年版。

72. 韓邦慶著、典耀整理：《海上花列傳》，北京：人民文學出版社，1982 年版。

73. 韓敬體編：《〈現代漢語詞典〉編纂學術論文集》，北京：商務印書館，2004 年版。

74. 韓麗梅編著：《袁水拍研究資料》，北京：中國國際廣播出版社，2003 年版。

75. 黃遵憲著，錢仲聯箋注：《人境廬詩草箋注》，上海：上海古籍出版社，1981 年版。

76. 黃遵憲著，陳錚編：《黃遵憲全集》，北京：中華書局，2005 年版。

77. 黃伯榮、廖序東主編：《現代漢語》（增訂三版），北京：高等教育出版社，2002 年版。

78. 黃伯榮編：《漢語方言語法類編》，青島：青島出版社，1991 年版。

79. 黃人影編：《創造社論》，光華書局，1932 年版。

80. 黃尚軍：《四川方言與民俗》（增訂本），成都：四川人民出版社，2002 年版。

81. 賀聖謨：《論湖畔詩社》，杭州：杭州大學出版社，1998 年版。

82. 海濤等編：《艾青專集》，南京：江蘇人民出版社，1982 年版。

83. 〔德〕黑格爾：《美學》（第 1～3 卷），朱光潛譯，北京：商務印書館，1997 年版。

84. 〔德〕海德格爾：《在通向語言的途中》，孫周興譯，北京：商務印書館，

2004 年版。

85. 姜濤：《「新詩集」與中國新詩的發生》，北京：北京大學出版社，2005 年版。

86. 賈植芳等主編：《現代文學總書目》，福州：福建教育出版社，1993 年版。

87. 賈植芳編：《文學研究會資料》，鄭州：河南人民出版社，1985 年版。

88. 江弱水：《卞之琳詩藝研究》，合肥：安徽教育出版社，2000 年版。

89. 蔣登科：《九葉詩派的合璧藝術》，重慶：西南師大出版社，2002 年版。

90. 金宏宇：《中國現代長篇小說名著版本校評》，北京：人民文學出版社，2004 年版。

91. 〔美〕傑姆遜：《後現代主義與文化理論》，西安：陝西師範大學出版社，1986 年版，

92. 康白情著，諸孝正等編：《康白情詩全編》，廣州：花城出版社，1990 年版。

93. 魯迅：《魯迅全集》，北京：人民文學出版社，2005 年版。

94. 老舍：《老舍文集》，北京：人民文學出版社，1987 年版。

95. 老舍：《老舍生活與創作自述》，北京：人民文學出版社，1982 年版。

96. 李怡：《中國現代新詩與古典詩歌傳統》，重慶：西南師大出版社，1999 年第 2 版。

97. 李怡：《現代四川文學的巴蜀文化闡釋》，長沙：湖南教育出版社，1995 年版。

98. 李怡：《現代：繁複的中國旋律》，北京：中央編譯出版社，2001 年版。

99. 李怡：《閱讀現代——論魯迅與中國現代文學》，重慶：西南師大出版社，2002 年版。

100. 李怡：《現代性：批判的批判》，北京：人民文學出版社，2006 年版。

101. 李健吾著，郭宏安編：《李健吾批評文集》，珠海：珠海出版社，1998 年版。

102. 李如龍：《漢語方言學》，北京：高等教育出版社，2001 年版。

103. 李季：《李季文集》（第 1～4 卷），上海：上海文藝出版社，1986 年版。

104. 李廣田：《李廣田文學評論選》，昆明：雲南人民出版社，1983 年版。

105. 李澤厚：《中國現代思想史論》，上海：東方出版社，1987 年版。

106. 劉世南：《清詩流派史》，北京：人民文學出版社，2004 年版。

107. 劉納：《嬗變——辛亥革命時期至五四時期的中國文學》，北京：中國社會科學出版社，1998 年版。

108. 劉納：《從五四走來：劉納學術隨筆自選集》，福州：福建教育出版社，

2000 年版。

109. 劉福春：《新詩紀事》，北京：學苑出版社，2004 年版。

110. 劉半農：《半農雜文》，石家莊：河北教育出版社，1994 年版。

111. 劉半農：《半農雜文二集》，上海：上海書店，1983 年影印。

112. 劉半農：《半農詩集集評》，北京：書目文獻出版社，1984 年版。

113. 劉半農：《劉半農詩選》，北京：人民文學出版社，1958 年版。

114. 賴先剛：《樂山方言》，成都：巴蜀書社，2000 年版。

115. 〔德〕萊辛：《拉奧孔》，朱光潛譯，北京：人民文學出版社，1982 年版。

116. 藍棣之：《正統的與異端的》，杭州：浙江文藝出版社，1988 年版。

117. 藍棣之編：《現代派詩選》，北京：人民文學出版社，2002 年版。

118. 藍棣之：《新月派詩選》，北京：人民文學出版社，1989 年版。

119. 呂叔湘：《呂叔湘文集》，瀋陽：遼寧教育出版社，2002 年版。

120. 呂進：《中國現代詩學》，重慶：重慶出版社，1991 年版。

121. 呂進：《現代詩歌文體論》，桂林：廣西師大出版社，2003 年版。

122. 龍泉明：《中國新詩流變論》（修訂版），北京：人民文學出版社，2003 年版。

123. 梁德曼、黃尚軍編著：《成都方言詞典》，南京：江蘇教育出版社，1998 年版。

124. 梁德曼：《四川方言與普通話》，成都：四川人民出版社，1982 年版。

125. 梁實秋著，徐靜波編：《梁實秋批評文集》，珠海：珠海出版社，1998 年版。

126. 梁啓超著，舒蕪校點：《飲冰室詩話》，北京：人民文學出版社，1998 年版。

127. 梁啓超：《梁啓超全集》（第二、五冊），北京：北京出版社，1999 年版。

128. 梁宗岱著、李振聲編：《梁宗岱批評文集》，珠海：珠海出版社，1998 年版。

129. 林默涵總主編：《中國抗日戰爭時期大後方文學書系》，重慶：重慶出版社，1989 年版。

130. 林庚：《新詩格律與語言的詩化》，北京：經濟日報出版社，2000 年版。

131. 陸耀東：《二十年代中國各流派詩人論》，北京：中國社會科學出版社，1985 年版。

132. 陸耀東：《徐志摩評傳》，重慶：重慶出版社，2000 年版。

133. 陸耀東：《中國新詩史（1916～1949）第一卷》，武漢：長江文藝出版社，2005 年版。

134. 陸耀東等編著:《中國現代文學大辭典》,北京:高等教育出版社,1998
年版。

135. 藍棣之:《現代詩的情感與形式》,北京:華夏出版社,1994 年版。

136. 駱寒超:《新詩創作論》,上海:上海文藝出版社,1990 年版。

137. 羅皚嵐等著:《二羅一柳憶朱湘》,北京:生活・讀書・新知三聯書店,
1985 年版。

138. 〔美〕蘇珊・朗格:《情感與形式》,劉大基等譯,北京:中國社會科學
出版社,1986 年版。

139. 穆木天著,蔡清福、穆立立編:《穆木天詩文集》,長春:時代文藝出版
社,1985 年版。

140. 梅光迪著,羅崗、陳春豔編:《梅光迪文錄》,瀋陽:遼寧教育出版社,
2001 年版。

141. 茅盾:《茅盾全集》(第 18～26 卷),北京:人民文學出版社,1996 年版。

142. 毛迅:《徐志摩論稿》,成都:四川大學出版社,1991 年版。

143. 閔家驥等編:《簡明吳方言詞典》,上海:上海辭書出版社,1986 年版。

144. 倪海曙:《倪海曙語文論集》,上海:上海教育出版社,1991 年版。

145. 倪海曙:《雜格嚨咚》,北京:生活・讀書・新知三聯書店,1981 年版。

146. 牛貴琥:《古代小說與詩詞》,太原:山西人民出版社,2005 年版。

147. 歐陽哲生編:《追憶胡適》,北京:社會科學文獻出版社,2000 年版。

148. 潘頌德:《中國現代詩論 40 家》,重慶:重慶出版社,1991 年版。

149. 潘頌德:《中國現代新詩理論批評史》,上海:學林出版社,2002 年版。

150. 蒲風著,黃安榕等編:《蒲風選集》(上、下冊),福州:海峽文藝出版社,
1985 年版。

151. 齊如山:《北京土話》,北京:北京燕山出版社,1991 年版。

152. 錢繹:《方言箋疏》,上海:上海古籍出版社,1984 年版。

153. 錢光培、向遠:《現代詩人及流派瑣談》,北京:人民文學出版社,1982
年版。

154. 錢理群等著:《中國現代文學三十年》(修訂本),北京:北京大學出版社,
1998 年版。

155. 錢理群:《追尋生存之根:我的退思錄》,桂林:廣西師大出版社,2005
年版。

156. 錢玄同:《錢玄同文集》(第三卷),北京:中國人民大學出版社,1999
年版

157. 錢曾怡編著:《濟南方言詞典》,南京:江蘇教育出版社,1997 年版。

158. 錢曾怡：《漢語方言研究的方法與實踐》，北京：商務印書館，2002 年版。

159. 瞿秋白：《瞿秋白文集》（文學編 1～6 卷），北京：人民文學出版社，1989 年版。

160. 秦似：《兩間居詩詞叢話》，成都：四川人民出版社，1985 年版。

161. 饒孟侃著，王錦厚等編：《饒孟侃詩文集》，成都：四川大學出版社，1997 年版。

162. 饒鴻兢等編：《創造社資料》，福州：福建人民出版社，1985 年版。

163. 孫玉石：《中國現代主義詩潮史論》，北京：北京大學出版社，1999 年版。

164. 孫玉石編：《象徵派詩選》，北京：人民文學出版社，1986 年版。

165. 孫大雨著，孫近仁編：《孫大雨詩文集》，石家莊：河北教育出版社，1996 年版。

166. 史亮編：《新批評》，成都：四川文藝出版社，1989 年版。

167. 施蟄存：《沙上的腳迹》，瀋陽：遼寧教育出版社，1995 年版。

168. 沙鷗著，止菴編：《沙鷗談詩》，北京：首都師範大學出版社，1996 年版。

169. 邵荃麟：《邵荃麟評論選集》（上冊），北京：人民文學出版社，1981 年版。

170. 沈從文：《沈從文全集》，太原：北嶽文藝出版社，2002 年版。

171. 沈用大：《中國新詩史（1918～1949）》，福州：福建人民出版社，2006 年版。

172. 〔美〕愛德華・薩丕爾：《語言論》，陸卓元譯，商務印書館，2003 年。

173. 〔瑞士〕費爾迪南・德・索緒爾：《普通語言學教程》，高名凱譯，商務印書館，2001 年版。

174. 唐湜：《新意度集》，北京：生活・讀書・新知三聯書店，1989 年版。

175. 唐德剛：《胡適雜憶》，桂林：廣西師大出版社，2005 年版。

176. 田長山、連曾秀：《方言誤讀》，西安：陝西人民出版社，2003 年版。

177. 童慶炳主編：《文學理論教程》（修訂版），北京：高等教育出版社，1998 年版。

178. 王富仁：《中國反封建思想革命的一面鏡子》，北京：北京師大出版社，1986 年版。

179. 王富仁：《中國文化的守夜人——魯迅》，北京：人民文學出版社，2002 年版。

180. 王光東：《民間理念與當代情感：中國現當代文學解讀》，桂林：廣西師大出版社，2003 年版。

181. 王克文：《陝北民歌藝術初探》，北京：民間文藝出版社，1986 年版。

182. 王永生主編:《中國現代文論選》(第一冊),貴陽:貴州人民出版社,1982
年版。

183. 王瑤:《中國新文學史稿》,上海:新文藝出版社,1954 年版。

184. 王毅:《中國現代主義詩歌史論 1925～1949》,重慶:西南師大出版社,
1998 年版。

185. 王光明:《現代漢詩的百年演變》,石家莊:河北人民出版社,2003 年版。

186. 王永梭著,江潤媛編:《王永梭文集》,成都:四川文藝出版社,2000 年
版。

187. 王訓昭等編:《郭沫若研究資料》,北京:中國社會科學出版社,1986 年
版。

188. 王訓昭編:《湖畔詩社評論資料選》,上海:華東師大出版社,1986 年版。

189. 王力:《漢語詩律學》(增訂本),上海:上海教育出版社,1979 年新 2
版。

190. 王世華等編著:《揚州方言語典》,南京:江蘇教育出版社,1996 年版。

191. 王一川:《中國形象詩學——1985 至 1995 年文學新潮闡釋》,上海:上
海三聯書店,1998 年版。

192. 〔美〕雷·韋勒克奧·沃倫:《文學理論》,劉象愚等譯,北京:生活·
讀書·新知三聯書店,1984 年版。

193. 〔馬來西亞〕溫梓川著,欽鴻編:《文人的另一面》,桂林:廣西師大出
版社,2004 年版。

194. 溫儒敏:《中國現代文學批評史》,北京:北京大學出版社,1993 年版。

195. 聞一多:《聞一多全集》,北京:生活·讀書·新知三聯書店,1982 年版。

196. 聞一多:《聞一多書信選集》,北京:人民文學出版社,1986 年版。

197. 聞一多著,藍棣之編:《聞一多詩全編》,杭州:浙江文藝出版社,1995
年版。

198. 聞黎明、侯菊坤編:《聞一多年譜長編》,武漢:湖北人民出版社,1994
年版。

199. 汪暉:《汪暉自選集》,桂林:廣西師大出版社,1997 年版。

200. 現代漢詩百年演變課題組編:《現代漢詩:反思與求索》,北京:作家出
版社,1998 年版。

201. 向天淵:《現代漢語詩學話語 (1917～1937)》,重慶:西南師大出版社,
2002 年版。

202. 蕭斌如編:《劉大白研究資料》,天津:天津人民出版社,1986 年版。

203. 肖偉勝:《現代性困境中的極端體驗》,北京:中央編譯出版社,2004 年
版。

204. 夏曉虹等著：《文學語言與文章體式：從晚清到五四》，合肥：安徽教育出版社，2005 年版。

205. 夏徵農主編：《大辭海·語言學卷》，上海：上海辭書出版社，2003 年版。

206. 許毓峰等編：《聞一多研究資料》，太原：北嶽文藝出版社，1986 年版。

207. 許寶華、陶寰編纂：《上海方言詞典》，南京：江蘇教育出版社，1997 年版。

208. 徐世榮：《北京土語辭典》，北京：北京出版社，1990 年版。

209. 徐學林：《中國歷代行政區劃》，合肥：安徽教育出版社，1991 年版。

210. 徐志摩：《志摩的詩》，北京：人民文學出版社，1983 年版。

211. 徐志摩著，顧永棣編：《徐志摩詩全編》，杭州：浙江文藝出版社，1987 年版。

212. 俞平伯：《俞平伯全集》，石家莊：花山文藝出版社，1997 年版。

213. 葉維廉：《中國詩學》，北京：生活·讀書·新知三聯書店，1992 年版。

214. 葉維廉：《葉維廉文集》（第一卷），合肥：安徽教育出版社，2002 年版。

215. 葉祥苓編纂：《蘇州方言詞典》，南京：江蘇教育出版社，1998 年版。

216. 袁家驊等著：《漢語方言概要》，北京：文字改革出版社，1983 年版。

217. 葉公超著，陳子善編：《葉公超批評文集》，珠海：珠海出版社，1998 年版。

218. 袁可嘉：《半個世紀的腳印——袁可嘉詩文選》，北京：人民文學出版社，1994 年版。

219. 袁可嘉：《論新詩現代化》，北京：生活·讀書·新知三聯書店，1988 年版。

220. 袁可嘉等編：《卞之琳與詩藝術》，石家莊：河北教育出版社，1990 年版。

221. 袁行霈：《中國詩歌藝術研究》（增訂本），北京：北京大學出版社，1996 年版。

222. 楊匡漢、劉福春編：《中國現代詩論》（上冊），廣州：花城出版社，1985 年版。

223. 伊沙等著：《十詩人批判書》，長春：時代文藝出版社，2001 年版。

224. 游友基：《中國現代詩潮與詩派》，桂林：廣西師大出版社，1993 年版。

225. 游汝傑主編：《地方戲曲音韻研究》，北京：商務印書館，2006 年版。

226. 余英時：《內在超越之路》，北京：中國廣播電視出版社，1992 年版。

227. 顏景常：《古代小說與方言》，太原：山西人民出版社，2005 年版。

228. 顏逸明：《吳語概說》，上海：華東師大出版社，1994 年版。

229. 顏清徽、劉麗華編纂：《婁底方言詞典》，南京：江蘇教育出版社，1998

年版。

230. 易明善編：《何其芳研究資料》，成都：四川文藝出版社，1986 年版。

231. 易中天：《西北風東南雨：方言與文化》，上海：上海文化出版社，2002 年版。

232. 朱自清：《朱自清全集》，南京：江蘇教育出版社，1996 年版。

233. 朱自清：《新詩雜話》，北京：生活・讀書・新知三聯書店，1984 年版。

234. 朱自清：《論雅俗共賞》，北京：生活・讀書・新知三聯書店，1998 年版。

235. 朱光潛：《詩論》，上海：上海古籍出版社，2001 年版。

236. 朱光潛著，商金林編：《朱光潛批評文集》，珠海：珠海出版社，1998 年版。

237. 朱壽桐：《新月派的紳士風情》，南京：江蘇文藝出版社，1995 年版。

238. 朱金順：《新文學資料引論》，北京：北京語言學院出版社，1986 年版。

239. 朱湘著，蒲花塘 曉非編：《朱湘散文》，北京：中國廣播電視出版社，1994 年版。

240. 朱立元主編：《當代西方文藝理論》，上海：華東師大出版社，2001 年版。

241. 章太炎著，洪治綱主編：《章太炎經典文存》，上海：上海大學出版社，2003 年版。

242. 鄭振鐸等編：《我與文學》，上海：上海書店，1981 年影印。

243. 趙家璧主編：《中國新文學大系》，上海：良友圖書出版印刷公司，1935 年版。

244. 趙元任：《語言問題》，北京：商務印書館，1999 年版。

245. 趙景深：《我與文壇》，上海：上海古籍出版社，1999 年版。

246. 趙崇祚輯、李一泯校：《花間集校》，北京：人民文學出版社，1981 年版。

247. 趙毅衡：《詩神遠遊》，上海：上海譯文出版社，2003 年版。

248. 趙毅衡編：《「新批評」文集》，北京：中國社會科學出版社，1988 年版。

249. 中國社科院近代史研究所中華民國史研究室編：《胡適來往書信選》，北京：中華書局，1979 年版。

250. 周作人：《知堂回想錄》，北京：群眾出版社，1999 年版。

251. 周作人：《自己的園地・雨天的書》，北京：人民文學出版社，1988 年版。

252. 周作人著，止菴校訂：《兒童文學小論；中國新文學的源流》，石家莊：河北教育出版社，2001 年版。

253. 周作人著，楊揚編：《周作人批評文集》，珠海：珠海出版社，1998 年版。

254. 周紅興：《艾青研究與訪問記》，北京：文化藝術出版社，1991 年版。

255. 周紅興：《艾青的跋涉》，北京：文化藝術出版社，1988 年版。

256. 周葦編：《論〈王貴與李香香〉》，上海雜誌公司，1950 年版。

257. 周揚：《周揚文集》，北京：人民文學出版社，1984 年版。

258. 周振鶴、游汝傑：《方言與中國文化》，上海：上海人民出版社，2006 年版。

259. 鄒建軍選編：《20 世紀中國文學史文論精華‧新詩卷》，石家莊：河北教育出版社，2000 年版。

260. 張菊香、張鐵榮編著：《周作人年譜》，天津：天津人民出版社，2000 年版。

261. 張隆溪：《道與邏各斯》，馮川譯，成都：四川人民出版社，1998 年。

262. 張一舟等著：《成都方言語法研究》，成都：巴蜀書社，2001 年版。

263. 張中行：《文言與白話》，哈爾濱：黑龍江人民出版社，1988 年版。

264. 張永芳：《詩界革命與文學轉型》，北京：中國社會科學出版社，2004 年版。

265. 張紹誠：《巴蜀方言淺說》，成都：巴蜀書社，2005 年版。

266. 張廷琛編：《接受理論》，成都：四川文藝出版社，1989 年版。

267. 張懷久等編著：《吳地方言小說》，南京：南京大學出版社，1997 年版。

268. 張桃洲：《現代漢語的詩性空間——新詩話語研究》，北京：北京大學出版社，2005 年版。

269. 張庚：《戲曲藝術論》，北京：中國戲劇出版社，1980 年版。

270. 祝寬：《五四新詩史》，西安：陝西師大出版社，1987 年版。

271. 鄭國民：《從文言文教學到白話文教學——我國近現代語文教育的變革歷程》，北京：北京師大出版社，2000 年版。

272. 鍾敬文：《芸香樓文藝論集》，北京：中國文聯出版公司，1996 年版。

273. 鍾敬文：《鍾敬文文集》，合肥：安徽教育出版社，2002 年版。

後　記

　　本著作是我的第一本書，在博士論文的基礎上稍加修訂而成。本書所牽涉到的方言入詩以及由此而來的新的課題與視角，是至今為止中國現代新詩研究很少有人問津的。我當初挑戰性地以此為題，既出於本人求真的學術勇氣，也源自個人不無偏至的興趣愛好。今天重讀並修訂，仍能強烈地感受到這一價值取向的撞擊，對論著的某種期待也油然而生。但由於論題本身過於宏闊與複雜，雖然勉力為之，它仍存留著不少學術空白，估計只能留待以後再作更深入的探究了。

　　作為博士學位論文，它凝聚著我求學生涯的許多美好回憶。本人在具體寫作過程中得到了不少師友的幫助與鼓勵，當初完稿之時曾作一後記以記之，現在翻檢出來，大致如下：

>　　人生難得一搏，由「研」而「博」便是其中「一搏」。輾轉異地負笈求學，已悄然越過而立之年，等到終於能如願以償劃上句號之時，我的心頭甚是快慰，雖然終點也意味著是另一個新的起點。
>
>　　幾年來與一壁舊書和冷硬板凳為伴、一心問學而心無旁騖的歲月細節卻如電影的閃回鏡頭一樣，依稀浮現在眼前。借這部凝固著自己心血與青春時光的博士論文定稿之際，對曾關心、幫助過它問世的人們表示由衷的感謝。
>
>　　我要感謝百年學府四川大學對我提供的校園環境與學術平臺，她的課堂、講壇、圖書館，以及文化氛圍與生活設施等條件，正是在這一有可能被人忽視的具體生存圈子中，讓我個人仍感到這一大集體中的溫暖與人性關懷。感謝曹順慶、馮憲光、趙毅衡、毛迅、王曉

路等老師的傳道解惑；感謝王富仁、呂進、陳思廣、肖偉勝、柏樺、姜飛等老師對我求學的關心或在具體論文寫作過程中的指點與教誨；感謝三年來一起生活、求學過的本專業這一小集體的同屆學子：熊輝、朱美祿、王平、黃曙光、陳祖君、王勁松、張志雲，以及何榮幸、趙小東、朱利民等校園生活圈子中的年輕學友們所給予的一些幫助；感謝三年來流動著的眾多同門學友們在學術交流、生活氛圍營造上給予的幫助。由於具體名單較長，且把他們留在心裏，這裡就不一一列舉了。

在這裡，我要深深感謝具體指導我在學術道路上迅速成長、順利完成學業的導師李怡先生。他的人格精神與學術風範，已在言傳身教、耳濡目染中直接教育、影響了我。從論文選題的數次往返到具體寫作過程中的切實指導，從課堂傳承的春風化雨到私下之間的切磋交流，可以說在我的生活與夢想中，作為良師，他都給我留下了難以忘懷的記憶與異常寶貴的財富。實際上，我很難用語言來表達我對他的感謝之情。

最後，特別感謝家庭親人的無私支援與關注，父母雙親、岳父母，以及兄弟姐姐等親人，他們或在精神上多年默默鼓勵，或在經濟上無私扶持，不計日月，讓我能輕鬆地置身於焦慮與壓力之外，在寧靜淡泊中愉快而又順利完成學業。尤其是我的妻子譚琳妃女士，自結同心以來一直跟隨我輾轉遷徙，一起面對並走過我們人生最艱難、困頓而又亦苦亦樂的歲月。這一切也是我難以言說清楚，終生銘記在心的。

在生活細節不斷隱失的時光隧道中，攻讀博士的經歷與這份作業，作為我生命軌迹與情感的最好見證，它也是鮮活著的，有自己的年齡與記憶。

後來論文完稿之後的答辯環節中，我有幸得到諸多學界師長的指點，受益良多。論文外審專家程光煒教授、鄒紅教授、宋劍華教授、袁國興教授、方長安教授；論文答辯委員會的主席馮憲光教授，委員劉納教授、徐新建教授、黎風教授、唐小林教授等專家們，他們在論文評審過程中給了我許多獎掖，提出了不少中肯而深刻的意見，特此深深致謝。

本書中的部分章節曾在《文藝理論與批評》、《中國社會科學院研究生院學報》、《江漢大學學報》、《紅岩》、《貴州師大學報》、《湖南文理學院學報》等刊物發表。在出版過程中，責任編輯郭曉鴻女士爲本書的出版付出了艱辛的勞動。貴州師範大學博士科研啓動基金、校學術出版基金爲本書的出版提供了有力的資助；本人所處單位林樹明教授、李玉芬教授、朱偉華教授等諸位領導與同事們對本人的科研工作與生活提供了切實的幫助，藉此機會一併向各位師長致以衷心的謝意。

最後，在我的第一本書問世之際，我願意再次表達對恩師李怡先生的眞誠謝意。不但此書曾蘊含著先生的諸多心血，而且在促成本書的出版上他也付出了不少心思。現在李怡師又慨然應允，撥冗爲本書作序。感動並感謝之餘，也許自己在學問之路上不懈耕耘，方能感到稍許心安。

顏同林
2008 年 5 月於貴陽

新版後記

　　《母語與現代詩》係我第一本學術專著《方言與中國現代新詩》的修訂
與改版，易名後保留原序與後記，在內容、觀點等方面則改動甚多，體現了
我對這一課題的進一步思考，也反映了我對民國文學的個人想像。

　　《方言與中國現代新詩》最先納入中國社會科學博士論文文庫，2008 年
由中國社會科學出版社出版。著作面世後曾得到學術界的各種積極評價，包
括書評、獲獎等；我也很高興自己的努力得到了充分的肯定，並激發了自己
長期深入研究的興趣。後來，我逐步擴展研究的範圍與幅度，2008 年到 2011
年在北京師範大學博士後流動站期間，完成了《普通話寫作與當代文學的確
立》的出站報告，相應上陞到對方言、普通話與 20 世紀中國文學的複雜關係
進行比較、鑒別。這一研究比較順利，創新意識較強，一些前期成果在包括
《文學評論》在內的全國許多學術刊物上陸續發表；2011 年以此為基礎申報
國家社科基金，最終以「方言入詩的資料整理與研究」成功立項。

　　母語對於臺灣讀者而言是相當熟悉的。在語言生態上，臺灣主要以閩南
語為母語，在上個世紀七十年代之後，在稱謂上臺語取代閩南語成為臺灣民
眾的主要交際語言，臺語運動與包括臺語詩在內的臺灣文學關係十分密切，
引起了兩岸學者的關注。目前我已開始對臺語詩的研究，相信在不久的將來，
能交出另一份較為滿意的答卷。

　　去年下半年，我在北京師範大學跟隨恩師李怡先生從事普通話寫作的博
士後研究時，蒙導師指點與提攜，建議將原先的研究成果修訂重版，納入他
主持的《民國文化與文學研究文叢》並在臺灣出版，我自然十分高興與感激，

感謝導師多年來潤物細無聲的教誨與培養。同時，感謝責任編輯楊嘉樂女士付出的辛勤勞動。

　　最後，我十分樂意將這本小書首次在臺灣面世，就算自己的腳印踏上了祖國寶島那片福地。另一個心願也悄悄藏在心底，什麼時候我能真正跨過蔚藍無垠的海峽去臺灣走一走，看一看……

顏同林

2012 年 3 月於貴陽